도시가 살롱

내 취향의 이웃을 만나는
작은 공간

"80평생 처음으로 참 재미있어 씁니다."

"환갑의 나이에 추억의 팝송을 흥얼거리는 작은 행복을 즐겼습니다."

"가끔 혼자 오셨던 두 분이 이젠 친구가 되셨어요."

"새로운 공간에서 '또 다른 나'를 발견하는 시간이었습니다."

"뭔지 모를 돌파구를 찾던 중 우연히 들른 모임에서 그 답을 찾았습니다."

"새로운 도전이 삶에 설렘을 준다는 것을 알게 되었어요."

"다정하고 무해한 시간이었습니다."

"20대 직장인부터 80대 어르신까지 함께 어울려 술을 공부했죠. 술 이야기를 시작으로 어느새 마법처럼 서로의 이야기를 꺼냈어요."

"춘천에 살고 있는 한 사람으로 생각해오던 아이디어, 흥미, 관심사 등을 나누고 싶었죠. 사람들을 만나 이야기를 나누면서 도시에 대한, 그리고 도시에 살고 있는 사람들에 대한 애정이 커지는 것을 느꼈어요."

"각자 삶의 터전인 직장과 가정을 벗어나 새로운 생각을 하고 사람을 만나고 이야기를 나눌 수 있다는 것은 좋은 도시 생활, 좋은 동네 생활을 이어갈 수 있는 힘이에요."

"밤에 등을 밝히고 같은 문장을 함께 읽어 내리는 공통의 경험은 같은 시대, 같은 공간을 살아간다는 유대감을 강하게 느끼게 했죠."

"월요일에 로또를 사서 토요일을 기다리는 것처럼 이번 주에는 어떤 활동을 할까? 일주일이 참 설레고 기분이 좋았어요."

"새로운 사람을 만나는 일은 이제껏 경험치 못했던 그의 세계를 통째로 맞닥뜨리는 일이고, 이해하고 인정하는 일이며 다름을 알고 받아들이는 일이에요."

"도시가 살롱을 통해 사람들이 남았고, 더 많은 기획을 할 수 있겠다는 용기를 얻었어요. 살롱은 공간의 진정한 의미를 일깨우고, 좁은 공간의 용도를 넓혀주는 계기가 되어주었어요."

"도시가 살롱을 운영하기도 하고 참여하기도 하면서 텅 빈 공간을 꽉 채울 수 있는 것은 결국 사람들의 이야기인 것 같다는 생각이 들어요."

도시 곳곳이
살롱이 된다는 것

집과 회사, 또는 집과 학교 사이에 마음 편히 머물 공간이 있다는 것은 얼마나 근사한가. 좋아하는 책이 가득한 책방, 커피 향이 흐르는 카페, 조물락 조물락 무언가를 만들어보는 공방도 좋다. 늘 공간에 있는 주인장의 따뜻한 안부, 부담 없이 갈 수 있는 거리에서 즐기는 간헐적 취미 활동은 일상의 활력이 되기도 하며, 때로는 위안이 된다.

28만여 명이 사는 춘천은 인구 중 78%가 도심에 거주한다. 공연장, 문화예술회관, 박물관, 도서관 등의 문화기반 시설이 대부분 도심에 집중되어 있다. 문화시설에 방문하지 않는 사람들이 갈 수 있는 문화공간은 한정적인 게 현실이다. 만약 생활권 내에 구석구석 넓게 퍼져 있는 작은 공간이 문화살롱이 되면 어떨까. 집이나 회사 근처의 다양한 공간에서 서로의 안부를 묻고 취향을 나누는 활동이 이어진다면, 조금 더 즐거운 도시가 되지 않을까. 그런 상상으로 문화도시 춘천은 일상 속 작은 공간과 그 공간 주인장이 기획한 커뮤니티 활동을 지원하기 시작했다.

비록 코로나19와 같은 세계적인 비상 상황으로 인해 이동과 만남에 제한이 있었지만, 작은 모임을 밀도 있게 만들어 도시의 새로운 흐름을 만들고 싶었다. 도시가 살롱은 가장 춘천다운 방식으로 도시의 활력을 지속할 수 있는 일종의 실험이었다. 첫해의 실험은 물리적 거리두기 상황에서도 많은 사람의 호응을 받았다. '커뮤니티 심리방역'이라는 부제가 제대로 빛을 발한 순간이랄까. 2020년 25개의 공간으로 시작한 도시가 살롱은 2021년에는 60개로, 2022년에는 100여 개의 공간으로 확장되어 지금도 도시에 의미 있는 점을 찍어 나가고 있다.

이 책 '도시가 살롱'에는 도시가 살롱을 기획하고 만들어온 과정이나 결과보다 도시가 살롱 프로젝트에 참여한 커뮤니티와 주인장, 참여자의 이야기를 충실히 담으려 애썼다. 작은 공간, 주인장, 취향 모임 이야기를 통해 춘천이라는 도시에 조금씩 번지는 즐거운 변화를 독자들이 함께 포착하길 기대한다.

도시가 살롱을 대표해 인터뷰에 응해준 주인장과 커뮤니티 구성원, 1세대 살롱 공간 주인장, 인터뷰와 글을 구성해준 작가집단 글봄과 도시가 살롱 프로젝트의 의미와 깊이를 더해준 고영직 문학평론가, 김희연 독립문화기획자에게도 감사의 마음을 전한다.

도시가 살롱

내 취향의 이웃을 만나는 작은 공간

3년, 159개의 커뮤니티
1096번의 만남

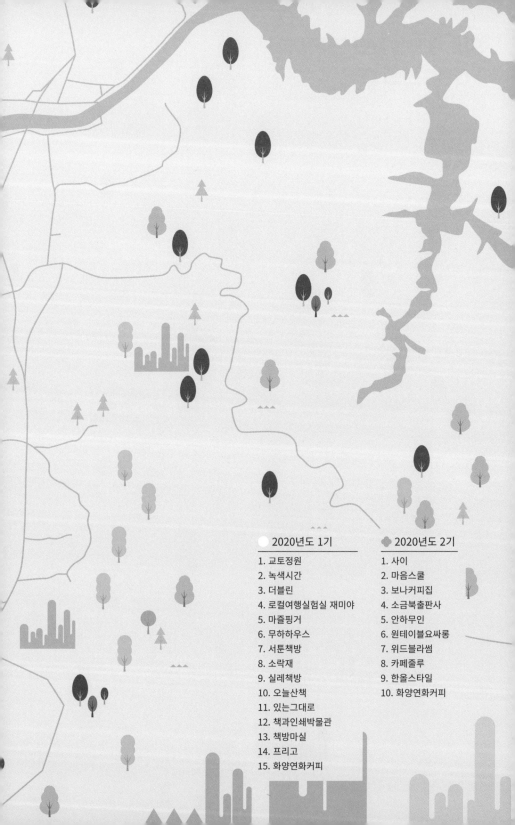

3년, 159개의 커뮤니티
1096번의 만남

12

19
14

14

10 6

3년, 159개의 커뮤니티
1096번의 만남

2
1

9
10
21 11

14

도시 곳곳이
모두의 안식처가 되길 바라며

춘천문화재단 문화도시센터장
강승진

외로움과 고립의 시대라 말합니다.
혼자라고 느껴지는 순간, 이 도시 안에서
내가 느끼는 감정과 내 마음의 색깔을 나눌 수 있고,
곁을 내어준 이웃과 함께 취향과 취미로, 때로는 관심사를 매개로
만날 수 있는 모임이 많아졌으면 좋겠다는 생각이었습니다.

모임을 담을 그릇이 필요했습니다.
내 삶 가까이에서, 동네에서, 부유하는 이 도시에 우리가 만날 공간이 필요했습니다.
소소한 나의 취향과 작은 이야기들이 관계를 맺고
서로의 뻘짓과 딴짓 마저 지지하고 응원해주며 용기를 주는 이웃이 필요했습니다.
이 도시에 그런 공간과 이웃이 많아졌으면 좋겠습니다.

그러나 코로나19가 우리의 만남과 이웃을 갈라놓았습니다.
우리는 더 고립되었고, 더 외로워졌습니다.
동네에서 안전하게 만날 공간이 필요했습니다.
그렇게 커뮤니티 심리방역프로젝트 도시가 살롱이 탄생했습니다.
도시의 작은 점일지도 모르는 공간에서 우리는 커뮤니티 활동을 시작했습니다.
그 점들은 점점 더 도시의 다양한 공간에 빛을 내고 서로 연결해갔습니다.
내 삶 가장 가까이에 있는 심리적 안전망으로서 커뮤니티가 만들어졌습니다.
나의 틈을 채우고 내 감정이 잡아내는 도시 속 시그널들이 커뮤니티로 이어졌습니다.

사람과 사람이 연결되고, 사람과 지역이 연결되는 커뮤니티.
동네의 카페, 목공방, 갤러리, 공유서재, 작은책방, 볼링장 등 개인의 공간과 상업
공간들이 낭만 이웃들의 취향과 가치를 공유할 수 있는 장소로, 시민들의 커뮤니티가
자라는 장소로, 나의 일상을 조금 더 특별하게 만드는 변화를 경험하게 되었습니다.

문화는 과정이 만들어내는 결과입니다.
사람의 관계가 만들어내는 공유물입니다. 문화는 함께하는 이웃들을 통해 새로운
세계관을 만나고 다시 나를 만나는 일이기도 합니다.
취향 중심의 활동에서 조금 더 적극적인 행동을 만들어내기도 합니다.
그렇게 일상에서 문화적 사건들을 경험하며 서로에게 곁을 내어줍니다.
각자도생의 위기 사회를 지혜롭게 살아가는 '더 나은' 생존을 모색하고
가치 있는 행동을 조직하며 춘천이 마주한 문제에 맞서기도 합니다.

시민의 활동력, 시민의 창조성이 중요하다고 합니다.
지난 3년, 도시가 살롱은 공간 주인장들의 성장하고 싶은 욕망을 자극했고
주인장들은 자기주도성을 가진 커뮤니티 활동 기획으로 우리의 이웃을 만났습니다.
시민들의 다양한 욕구와 활동을 기반으로 우리 춘천에 새로운 흐름을 만들었습니다.
도시는 시민, 활동, 공간(토지와 시설) 등으로 구성되고 이들의 사회, 경제, 문화,
정치적 활동이 모이는 곳이라 합니다. 그리고 그 안에 살고 있는 사람들을 닮는다고
합니다. 시민들의 일상으로부터 도시의 정체성과 문화가 만들어진다는 것이겠지요.
문도 마음도 열려있는 공간, 도시의 살롱에서
취미와 사교, 교류 활동을 통해 작은 성공의 경험을 축적해 갑니다.
함께 성장하고 춘천의 잠재력을 깨워내며
외로움과 고립의 시대는 돌봄의 시대로 전환되어 갑니다.
시민이 낭만 이웃으로 성장하며 건강한 라이프스타일 도시로 춘천이 조금씩 변화합니다.

도시가, 동네가 하나의 문화공간이 됩니다.
우리 안의 취향이 하나의 문화로 존중받고, 누구나 자신의 취향을 자신있게 드러낼 수
있는 장이었으면 좋겠습니다.
우리 모두의 안식처였으면 좋겠습니다.

Chaper 01.
캐주얼한 커뮤니티

글쓴이 | 김효화

기자, 홍보마케터, 기록작가 등을 하며 삼십
년 다 되게 글로 먹고살았다. 대학 때는
세계의 변화에 몰두했고 춘천으로 돌아와선
자연의 흐름에 눈떴다. 삶과 마음이 녹아
있는 글쓰기를 좋아한다. 사람과 마을, 사회를
기록하는 책을 주로 썼다.

동네 사람과 함께 인생길 산책
카페 오늘산책

한때는 대머리산으로 불리던 춘천 교동 하늘공원으로 오르는 길 중턱에 낡은
구옥을 개조한 카페가 있다. 공원으로 오르는 초입새에서 산책의 행복감을 우선
맛보고 가라는 것처럼 이름도 '오늘산책'.
인생이란 긴 길을 산책하듯 나서고 싶다는 마음을 먹게 하는 카페 '오늘산책'에서
지난 3년 동안 사람들은 추리 게임을 하고, 연애 고민을 털어놨고, 졸음 꾹 참고
밤을 새우기도 했다.

카페 '오늘산책' 마당의 주인은 숨바꼭질하듯 낡은 구옥의 구석구석을 휩쓸고 다니는 고양이들이다. 햇살은 유리창을 깨뜨릴 것만 같이 반짝이고, 고양이들은 눈을 끔벅이며 마당을 슬슬 휘돌다 볕 좋은 툇마루 아래에서 긴 하품을 한다. 이 느린 공간 안에서 오늘은 어떤 일이 펼쳐질까?

나와 서로를 알아가는 '마피아의 밤'

2020년 7월, 이곳은 마피아의 아지트가 되었다. 실제로 '오늘산책'에는 마치 마피아가 숨어 있을 것처럼 올망졸망한 골방과 다락방이 여러 개 있다. 이곳에서 뮤지션 남편은 이탈리아 음식을 만들고 디자이너인 아내는 '마피아의 방'을 꾸몄다.

도시가 살롱에 처음 도전하며 '오늘산책' 주인 이은정은 '마피아의 밤'을 신청했다. 사전신청으로 추리물에 관심 있는 사람들을 모집했고, 두 달간 10여명의 정규멤버는 매주 목요일에 모였다. 카페 손님들도 즉석에서 참여하며 15여명이 마피아 게임을 하기도 했다.

마피아 게임은 특정 정보를 가진 소수인 마피아와 정보가 없는 다수인 시민의 심리게임이다. 게임 진행자는 비밀리에 개인, 마피아, 경찰, 의사 등 역할을 부여한다. 서로의 역할을 공유한 마피아는 시민들 사이에서 거짓말을 할 수 있다. 모든 사람은 낮이 되면 진실과 거짓속 추리를 거친 재판을 통해 마피아를 잡을 수 있는 기회를 갖는다. 밤이면 마피아는 시민 한 명을 죽일 수 있는데 이런 과정을 거쳐 시민과 마피아의 숫자가 같아지면 마피아의 승리로 게임이 끝난다.

마스크를 쓰고 둘러앉아 눈빛과 목소리, 행동을 관찰하며 마피아를 찾는, 이 재미있는 추리 게임에 필요한 것은 오직 잘 짜여진 거짓말과 능란한 눈치다. 사람들은 마피아 게임에 매료됐고 매주 목요일 저녁 8시부터 10시까지의 시간은 쏜살같이 흘렀다.

"낯선 사람들이 만나 돌발 상황이라도 생길까 걱정이 많았어요.
하지만 많은 이야기를 나누지 않아도, 술을 마시지 않아도
서로를 빠르게 알아가며 친해졌어요. 마피아를 추적하는 동안
습관이나 버릇, 거짓말을 할 때 나타나는 모습까지
서로 알게 되었어요."

마피아의 밤 참가자들은 두 팀으로 나뉘어 마지막을 장식할 '크라임씬 :
오늘산책'을 기획하기도 했다. 살인 사건이 일어난 장소를 조사하고 용의
자를 심문하며 범인을 검거하는 추리게임으로, 팀별로 연출, 각본, 소품을
준비하고 직접 연기를 하기도 했다. 인스타그램 라이브방송으로도 누구
나 참여할 수 있었다. 온라인과 오프라인을 통해 범인을 찾아낸 이들에게
는 '오늘산책' 식사권이 제공됐다. 참여자들은 이런 게임을 통해 나 아닌
또 다른 내가 되는, '부캐'로 다시 태어나는 경험을 했다. 최근까지도 새로
운 멤버들과 부정기적으로 모여 마피아 게임을 이어오고 있다. 물론 게임
을 하는 날뿐만 아니라 게임을 준비하면서 미리 만나 밤 12시까지 회의하
는 게 부지기수다. 그렇게 낯선 이들은 게임을 통해 절친이 되었다.

'마피아의 밤'

'연애살롱'에서 언니에게 털어놔!

살면서 만나는 흔치 않은 사랑과 이별을 누구에게 모조리 말할 수 있을
까. 어쩌면 누군가에게도 비밀스러워 감히 털어놓을 수 없을지도 모른
다. 가까운 이들은 뻔한 잔소리를 늘어놓을 수도 있다. 오히려 전혀 모
르는 사람에게 나만의 애틋한 슬픔과 복잡한 감정을 숨김없이 털어놓을
수 있을지도 모른다. 카페 '오늘산책'의 '동네언니, 연애살롱'은 언니들
에게 아무에게도 말하지 못한 사랑의 고민을 털어놓아 보라고 언니들이
마련한 자리였다.

> "카페를 하니 20~30대 손님들이 모여 앉아
> 연애 이야기를 하는 걸 많이 접했어요.
> 그런데 연애나 결혼 경험은 물론 사회생활 경험이 있는
> 언니들이 상담해주면
> 더 유익할 것 같다고 생각했어요."

'오늘산책'에는 양다리를 경험한 언니, 연애 경험은 없지만 글로 연애를
배운 모태 솔로 언니, 장거리 연애를 해본 언니 등 8명의 언니가 모여 사
랑과 이별로 아파하는 동네 동생들의 얘기를 들어주고 등을 두드려줬
다. 회차마다 3~4명이 모여들어 낯선 언니들에게 마음을 털어놨다. 주제
도 조금씩 바뀌 연애는 물론 친구 문제나 진로 문제도 상담했다.

> "'동네언니, 연애살롱'을 하며 세대 차이를 크게 느꼈어요.
> 요즘 20대들은 비대면 상담을 더 편안해한다는 것도 알았고
> 20대와 30대, 40대가 제각각 삶에 대한 시각이 다르단 걸
> 알았어요. 참여율이 높지 않아 아쉽긴 했지만, 사람에 대한
> 애정과 믿음이 쌓인 시간이었어요."

밤새우는 경험을 함께, '나의 밤샘 일지'

이은정은 얼마 전 인기를 끈 '나의 해방 일지'에서 영감을 얻어 우리 공간에서도 해방되는 느낌의 무언가를 해보자며 '나의 밤샘 일지'를 기획했다. 금요일 밤 10시부터 토요일 새벽 5시까지 밤을 새우는 일은, 뜨거운 여름밤을 시원한 카페에서 보내는 기분 좋은 경험이었다. 예약하고 온 참가자들은 먼저 닉네임을 정하고 간단히 자기를 소개한 후 '오늘산책'에 마련된 각각의 방으로 들어가 밤을 새운다. 자거나 일하는 것은 절대로 안 된다. 6회 진행하면서 32명이 왔는데 혼자 놀며 밤을 새우는 것이 재미있어 여러 번 온 이들도 적지 않다. 참가자들은 책을 읽거나 영화나 드라마를 보고, 그림을 그리거나 뜨개질을 했다. 새벽 1시쯤에는 잠을 깨라고 야식과 커피를 내어주었다. 참가자들은 졸리면 나가서 걷고 공원에서 산책하면서 잠을 깨웠다.

> "대개 혼자 온 20~30대 젊은이들이었는데 만족도가
> 꽤 높았어요. 여유롭게 혼자 놀며 밤새우는 특별한 경험도
> 재미있었고, 동네에서 좋은 어른들을 편하게 만날 수 있어서
> 행복하다고 한 친구도 있었어요."

앞으로 전문지식과 기술을 나누는 커뮤니티에 도전해보고 싶다는 이은정 주인장. 교동 하늘공원의 언덕 중턱에서 등대처럼 불을 밝히고 있는 카페 '오늘 산책'에서 이웃과 인생길 산책을 즐기고 있다.

이른 새벽의 '나의 밤샘 일지'

합법적으로 감행하는 재미있는 일탈
카페 교토정원

어느 동네에나 가도 있을 법한 빨간 벽돌집 1층이 카페가 됐다. 어느 해 일본 여행을 하다 교토의 골목길에서 고즈넉한 풍경의 카페를 만났다. 그런 자기만의 공간을 만들고 싶었다. 고증하듯이 교토에서 만난 카페의 느낌을 최대한 살려 교동에 있는 주택을 개조해 카페 '교토정원'을 탄생시켰고 그곳은 누구에게나 열린 커뮤니티 공간이 되었다.

카페 '교토정원'의 김태진 주인장은 본래 광고업자였다. 8년 동안 사업을 하면서 몸은 만신창이가 됐다. 환청이 들릴 정도였다. '재미'가 빠진 삶을 살고 있다는 생각이 들었다. 사업을 접고 일본으로 긴 여행을 떠났다. 그곳에서 그는 교토정원 같은 카페를 발견했다.

음미하기 위해 마시는 술, 맛을 깨우치다

그가 발견한 것은 사람들의 생활에 들어가 있는 공간이었다. 주인장에게는 일터가 되고, 지나는 이웃들에게는 언제든 쓱 들어와서 차 한 잔 마시며 가벼운 수다를 떨 수 있는 공간 말이다. 마치 꿈에 그리던 일이었던 것처럼 김태진은 교토에서 돌아오자마자 교토정원을 열었다. 2018년 12월이었다. 재미있게도 개업 1년 반 후 그는 '도시가 살롱' 참여자 모집 소식을 접했다. 그가 꿈꾸던 동네 사랑방으로 교토정원이 재탄생하는 순간이었다.

코로나19가 한창 기승을 부리던 때였다. 운동도 못 하고 친구도 못 만나고 장사도 안 되던 때였다. 아무것도 못 하고 심심하게 살던 시절이었다. 춘천 사람들은 문화예술을 적극적으로 즐기지 않고, 문화예술을 하는 사람들은 마치 '그들만의 리그'를 하는 것 같아 괴리감마저 느끼던 차였다. 나서서 재미있는 일을 꾸며보자는 생각이 들었다. 2020년 도시가 살롱 1기에서는 술을 만들었다. 커뮤니티 이름은 '나는 올드 패션드가 좋은데'이다. 칵테일 이름에서 따왔다. 술을 많이 마시지는 않지만 즐겨 마시는 개인적인 취향을 커뮤니티로 활용했다.

> "보통 사람들이 바에 혼자 가서 술을 마시는 것은
> 어색한 일이에요. 무섭기도 하고 술이 뭐가 뭔지도 모르고요.
> 그래서 같이 여러 가지 술을 접하고 배우는 기회를
> 만들고 싶었어요."

여섯 번을 진행했는데 매번 8~9명이 찾아왔다. 주인장은 셰이커, 믹싱 글라스, 지거, 바스푼 등 칵테일 도구까지 준비해 모든 참여자가 바텐더가

'나는 올드 패션드가 좋은데'

될 수 있도록 했다. 효자동에서 바를 하며 칵테일과 위스키 전문가로 소
문 난 용성중 주인장을 불러 술에 대한 강의를 듣고 실습을 하기도 했다.

> "모든 술은 칵테일이 될 수 있어요. 소위 말하는 폭탄주도
> 칵테일이죠. 자기가 좋아하는 술로 칵테일을 만들어 독특한 맛을
> 즐길 수 있어요. 이 모임을 하면서 취하기 위해 술을 마시는 것이
> 아니라 술맛을 음미하기 위해 마시는 경험을 함께했어요."

각자 안주를 만들거나 주문 배달해 함께 먹은 후 술에 어울리는 안주를
찾아 투표를 한 날은 입도 뱃속도 즐거운 날이었다. 매운 족발과 막걸리
가 1등으로 뽑혔다. 마지막 모임 날에는 모든 참여자가 1인 바텐더가 되
었다. 각자 자기 취향대로 칵테일을 만들고, 바텐더처럼 칵테일에 관해
설명했다. 이른바 홈텐더로 거듭나는 실습을 한 것이다.

'나는 올드 패션드가 좋은데'에서 만난 이들은 개인적인 친분으로 연결
되었다. 간혹 만나 함께 멋진 바에서 술을 마신다. 물론 취하는 모임이
아니라 술의 맛을 중시하는 모임이다.

팟캐스트 모임하며 팟빵에 17개 콘텐츠 업로드

2021년에 도전한 커뮤니티 명은 '98hz – 도전! 팟캐스트'였다. 팟캐스트를 즐겨 듣는 사람들, 나의 이야기를 들려주고 싶은 사람들이 모여 팟캐스트를 만드는 방법을 연구했다. 장비도 없이 무작정 시작한 모임이었다. 성별이나 나이와 관계없이 휴대폰 하나만 들고 8명이 모여 팟캐스트에 대한 이야기를 나눴다. '나는 올드 패션드가 좋은데'는 김태진 주인장이 주도해서 모임을 이끌었지만 '98hz – 도전! 팟캐스트'는 참여자들이 주도해 부담이 훨씬 덜했다. 다양하고 풍성한 이야기가 오갔고 팟캐스트 제작에 진지하고 실질적으로 접근할 수 있었다. 이 커뮤니티는 '잡 사운드'라는 이름으로 2022년까지 이어졌다. 이번에는 게스트까지 초대해 춘천과 젊은이들의 인생 이야기를 구수하게 펼쳐 팟빵에 올렸다. 4명이 모여 연령대에 따라 2팀으로 가르고 실제 팟빵 활동을 시작했다. 장비도 구매했다. 영화학도까지 참여해서 모임은 더 구체적으로 발전했다.

도시가 살롱에서 지원하는 여섯 번의 모임 이후에도 모임은 지속되고 있다. 지난 9월까지 17개의 콘텐츠가 업데이트되었다. 주제는 춘천, 데이트문화, 테마파크, 반려 가구, 다이어트, 소비라이프, 나의 데스노트, 커피, 술, 게임 같은 것들이다. 가장 인기 있는 콘텐츠는 역시 자극적인 소재들이다.

> "올해 다양한 콘텐츠를 만들었어요. 목요일마다 모여 녹음을 했죠.
> 이제 시즌 1을 끝내고 휴식기에 들어간 상태입니다. 사람들이
> 자극적인 콘텐츠를 좋아해요. 하지만 늘 그런 것만 만들 수 없죠.
> 주제와 소재에 대한 고민이 크지만 재미있어서 계속해볼 거예요."

2년여에 걸쳐 진행된 팟캐스트 모임은 일반인도 방송을 만들 수 있다는 가능성을 제대로 보여줬다. 주제에 따라 각자의 경험과 지식, 생각을 이야기하는 것이 의외로 인기가 있었다.

팟 캐스트 제작 중   '교토 정원' 김태진 주인장

김태진은 '도시가 살롱'에 누구보다 진심이다. 그는 '삘짓할 수 있는 용기'를 준 사업이라고 추켜세웠다.

> "춘천 사람들이 좀 소극적이잖아요. 예전에 게릴라콘서트도
> 세 번이나 실패한 도시에요. 문화에 통 관심이 없죠. 그래서 제가
> 적극적으로 나서기로 했어요. 저는 애향심이 많아요. 정말 고향
> 춘천을 좋아합니다. 이곳에서 이곳 사람들과 함께 문화를 즐기며
> 재미있게 살고 싶어요."

그는 '도시가 살롱'에서 만난 인연이 소중하며 커뮤니티 활동이 가치 있는 일이었음을 느꼈다. 모임이 지속되는 것도 즐겁고 흥미롭다. 무엇보다 '우리들만의' 팟빵 채널을 갖게 된 것은 대견하고 보람찬 일이다. 그는 앞으로 더욱 다양한 채널과 방법으로 모임이 이루어지길 기대한다.

> "도시가 살롱은 합법적인 일탈을 하는 것 같은 신선함을 줘요.
> 앞으로 새로운 사람들이 계속 참여할 수 있도록 단발성 모임이나
> 즉흥 커뮤니티, 예약제 모임에 대한 지원이 있으면 좋을 것 같아요.
> 모임을 잘 모르는 사람들에게 기회를 주고 함께하다 보면
> 문화예술을 나누는 분위기가 더욱 확산될 것입니다.
> 이런 문화는 삶의 스펙트럼을 넓혀준답니다."

아침을 사랑하는 혼밥족을 위한 살롱 베이커리 카페 플라베

윤혜선은 어릴 적부터 아침형이었다.
아버지는 늘 일찍 일어나도록 가르쳤다.
그 때문에 지금도 늦잠을 못 잔다.
희한하게 남편도 그렇다. 아침형 습관 덕에
빵집도 차렸다. 올여름에는 고소한 냄새
가득한 빵집에서 동지 같은 아침형 사람들에게
건강한 밥상을 정성스럽게 차려줬다.

FLAVE

18-2

모두를 위한 건강빵
빵
샌드위치
디저트 커피)
NO 우유 계란 버터

도시가살롱
Earlybird Breakfast
FLAVE

아침을 사랑하는
춘천의 얼리버드들과 함
조용하고 따뜻한 시간을
아침식사와 함께 만들고 싶
론밥 한명해요

· 장   소 & FLAVE
· 시   간 : 7/2 ~ 9/17
· 모집인원 : 5명
· 장 가 비 : 10,000원
· 문   의 : 010 9985

FLAVE 진행안내

춘천문화재단
문화도시춘천

올여름 토요일 아침 8시만 되면 춘천 요선동의 작은 빵집인 '플라베'에 낯선 손님들이 찾아왔다. 주인장 윤혜선이 차려주는 아침밥을 먹으러 오는 이들이었다. 7월부터 8월까지 모두 여섯 번 밥상을 차렸다. 밥은 먹고 싶은데 차리기는 귀찮고, 일찍 일어났는데 마땅히 할 일은 없는 이들의 토요일 아침이 든든하게 채워졌다. 도시가 살롱 지원을 받아 차린 밥상은 무엇보다 특별했다.

아침형 인간들과 함께하는 토요일의 채식주의

밥을 먹으러 오는 사람들은 혼자여야 했다. 사전 예약을 하고 와야 하는데 친구나 동료와 함께 '밥이나 먹으러 오는 것'은 단연코 예약을 거절당했다. 그들의 만남을 위해 밥 차려주는 식당을 하고자 한 것이 아니었기 때문이다. 낯선 사람끼리 건강한 밥을 함께 먹으며 사는 이야기를 소소하게 나누고 소통하고 싶었다. 아침을 사랑하는 혼밥족을 위한 살롱, 바로 플라베였다. 요리는 모두 비건(Vegan, 채식주의)식이다. 요리가 취미였던 윤혜선은 과거 영어 강사로 활동했는데 2010년에 어학연수로 간 캐나다에서 비건식을 처음 만났다. 당시 캐나다에는 채식주의 물결이 일고 있었다. 그녀는 고기를 유달리 좋아했지만, 비건식은 색다른 경험이었다. 그 후 비건식은 잊고 지내다가 2019년에 우연한 기회로 비건식을 다시 만났다. 두 달쯤 비건식을 유지했더니 몸이 가벼워지고 건강해지는 느낌을 받았다. 그때부터 비건식 요리에 관심을 갖고 요리법을 배웠다. 그때 익힌 비건식 요리를 집에서도 해봤는데 나쁘지 않았다. 굳이 채식을 고집하지는 않지만 가급적 동물성 재료 없이 요리하며 냉동실을 쓰지 않으려 애썼다.

윤혜선은 비건식이라는 독특한 조리법으로 플라베의 토요일 아침 밥상을 채웠다. 콩나물국, 리소토, 파스타 등 한식과 서양식을 망라해 식물성 재료로만 요리했다. 토요일 아침마다 6가지 요리를 준비했다, 푸짐하고 색다른 음식에 대한 반응은 그녀가 처음 캐나다에서 비건식을 접했을 때와 다르지 않았다. 참여자들은 익숙한 것 같은데 낯설고, 낯선 것 같은데 속 편한 음식이라고 입을 모았다. 풀만 있는 것 같지만 어쩐지 맛이 깊다고 했다.

윤혜선 주인장의 비건식 아침식사

"하루 전날부터 재료를 준비했어요. 재료의 신선함을 위해 늦은
시간까지 재료를 준비하고 새벽같이 일어났어요. 새벽 3시에 자고
5시에 일어나서 요리를 했어요. 플라베의 주방이 작은데 남편은
빵을 구워야 하고, 저는 요리를 해야 하니 새벽부터 서로 부딪히며
조리를 하느라 어수선했죠."

아침 8시부터 함께 밥을 먹고 오전 10시까지 두런두런 수다를 떨었다.
홀로 토요일 아침을 쓸쓸하고 출출하게 보냈을 혼밥족들에게 여유와 배
부름의 행복을 준다는 것은 기쁜 일이었다. 혼자만 알고 있던 비건식 요
리를 내어놓았고, 맛있게 먹으며 소박한 일상을 나누는 것이 보람찼다.

"주말 아침에 일찍 일어나는 게 정말 쉽지 않아요. 저도 물론
힘들었지만 우리들의 소중한 아침시간을 채워주는 이들을
만나 매 순간 뿌듯했어요. 제가 손이 느려서 음식은 늘 천천히
나왔어요. 그런데도 참여자들은 느려서 오히려 힐링하는
것 같다고 했고, 마치 유튜브에서 힐링 영상을 보는 것 같은
느낌이라고 말해주었어요."

윤혜선은 보람으로 충만했고, 함께 밥을 먹는 이들은 맛을 나누고 대화로 서로의 인생을 들여다보며 소통하는 것이 행복했다. 참여자들은 마치 저녁 자리에서 술이라도 한 잔 걸친 양 미주알고주알 자기의 고민과 신변잡기를 털어놓았다.

아침 밥상에 반한 참여자들은 토요일 아침을 여러 차례 플라베에서 보냈다. 한 번도 빠지지 않고 온 마니아도 있었다. 그들은 '도시가 살롱'이 끝난 후에도 플라베의 아침밥이 그립다며 빵을 사러 다시 온다. 왔던 이들 중 20%쯤은 단골로 정착했다.

신선이 노닐던 동네에서 먹거리로 정을 찾다

윤혜선이 춘천 요선동에서 남편과 함께 비건 빵집을 차린 건 2019년 9월이었다. 요선동 먹자골목에 자리 잡은 빵집은 작았지만 금세 입소문이 났다. 동물성 재료나 가공 조미료를 넣지 않은 빵은 묘한 풍미가 있었다. 많이 먹어도 속 쓰리지 않고 느끼하지 않아 질리지 않았다. 기름진 음식과 화학조미료에 길들여진 도시인들은 비건 빵의 뭉근한 맛에 매료되었다. 그렇게 슬슬 소문이 번지던 차에, '도시가 살롱'을 만났다.

대학을 춘천에서 다니고 직장생활은 수도권에서 했던 윤혜선은 결혼 후 춘천으로 돌아와 낯모르는 사람들 틈에서 새 이웃을 만들고 싶었다.

> "빵집 근처에 젊은 사람들이 운영하는 작은 공방이 있어요.
> 거기에서 '도시가 살롱'을 운영하는 걸 보고 나도 새로운 사람들을
> 만나보고 싶다는 생각을 했어요."

우연찮게 접한 '도시가 살롱' 프로그램에 신청을 하고 준비를 하면서 걱정이 끝도 없었지만 반응은 생각보다 괜찮았다. 교사, 공무원, 회사원, 자영업자 등 20~30대 젊은이들이 이곳 주인장의 색다른 도전에 동참했고 고맙게도 극찬을 보내주었다.

윤혜선은 앞으로도 '도시가 살롱'을 통해 건강한 먹거리에 대한 모임을 추진해보고 싶다. 힘에 부치기도 하고 가게에 많은 도움이 되는 건지 의심이 들기도 하지만 나눔과 소통의 가치에 비할 바 아니다.

"대단한 경험은 아니지만 매주 새로운 사람들로 가게가
채워지니까 마음이 가득 찬 것 같은 느낌이었어요. 조금 벅차긴
하지만 춘천에서의 일상을 색다르게 가꿔갈 방법을
'도시가 살롱'을 통해 또 한 번 찾고 싶어요."

옛날에는 신선이 노닐 것처럼 아름다웠다는 봉의산 아랫동네 요선동에서 플라베의 주인장은 옛날 어머니들처럼 먹거리로 인심을 나누며 사람 사는 정을 찾아가고 있다.

'플라베'에 모인 사람들

'플라베' 윤혜선 주인장

낡은 것을 공유하는 소소한 즐거움
빈티지샵 니르바나

육림고개 중턱에 자리한 빈티지(Vintage) 숍 '니르바나'는 낡고 오래된 물건의 가치를 공유하는 커뮤니티를 열었다. 빈티지 마니아였다가 숍까지 연 이창형 주인장은 자신이 갖고 있는 지식을 나누고 상품을 소개하며 빈티지의 매력을 알렸다.

이창형은 스무 살에 낡은 것에 빠졌다. 오래되어 낡고 오염되었지만, 명품의 멋이 살아 있고 세월의 흔적이 새겨진 빈티지가 좋았다. 수의 간호학을 전공하고 동물병원에서 일했으나 적성에 맞지 않았다. 좋아하는 것은 직접 해봐야 하는 성격인지라 빈티지 옷 가게를 차려보자 결심했다. 스물네 살에 창업에 도전했고 한창 레트로 바람이 불던 육림고개에서 자리를 잡았다.

이야기가 담긴 빈티지의 매력을 나누다

'니르바나'는 강원도 최초의 오리지널 빈티지 숍이다. 춘천에는 유일하다. 구제 옷을 파는 데는 많아도 1980~90년대는 물론 1940~50년대의 역사 어린 구제를 취급하는 가게는 흔치 않다. 이곳에는 나이키, 폴로, 리바이스, 컬럼비아 같은 정통 브랜드 제품이 빼곡하다. 이창형 주인장은 전국을 누비며 1990년대 이전에 생산된 옛날 브랜드 의류를 구한다. 일본에도 1년에 한두 차례 방문한다. 구하기 쉽지 않은 귀한 빈티지를 소장하고 판매하는 만큼 '니르바나'는 온라인과 오프라인에서 꽤 알려져 있다. 빈티지 마니아들은 빈티지의 매력과 가치를 잘 알지만 보통 사람들은 중고제품이라는 선입견만 있을지 모른다. 그러나 흠집 나고 바래고 오염된 물건은 오히려 더 가치가 높다. 자연스러운 멋을 쳐주는 것이다. 빈티지 상품은 새 제품보다 가격은 싸지만 멋스럽고 튼튼하다.

> "옛날 물건이 원단이나 봉제법, 워싱이 달라요.
> 소품종 대량 생산을 하던 시기에 만든 제품이라
> 더 튼튼하고 공을 들였다는 느낌이 있어요."

그런 빈티지의 가치를 이웃과 나누고 싶었다. 이창형 주인장은 브랜드마다 가진 저마다의 역사와 스토리를 알려주고 빈티지를 알아가는 재미를 느끼게 해주고 싶었다.

커뮤니티의 명칭은 '맛있게 낡은 것들을 향유하는 기쁨이란'으로 정했다. 그는 의류는 물론 오래된 음악이나 영화와 같은 예술도 빈티지라고

'맛있게 낡은 것들을 향유하는 기쁨이란'

본다. 아티스트 김목경의 팬인 그는 의류브랜드에 대한 강의는 물론 김목경의 음악을 소개하는 자리도 가졌다. 올해 7월 9일부터 8월 6일까지 한 달 동안 모두 다섯 번 모였다. 매회 커뮤니티에는 5명 내외의 손님들이 찾아왔다. 빈티지 마니아인 단골도 있었고 SNS를 보고 찾아와준 이들도 있었다.

브랜드의 역사 공유, 정품 구별법도 알려줘

첫 모임 때는 스포츠웨어 컬럼비아 브랜드의 역사를 들었다. 세 번째는 파타고니아, 네 번째에는 리바이스를 알아보는 시간이었다.

"오래된 브랜드에 대해 알아보면 흥미로운 이야기가 많아요.
역사와 특징을 알고 옷을 입으면 더 가치 있다고 느껴지고
자부심도 생기죠. 컬럼비아는 제가 가장 좋아하는 브랜드예요.

본래 모자를 만들던 작은 회사였는데 낚시 조끼를 만들면서
유명해졌어요. 파타고니아는 참여자들이 다 좋아해서
진행했어요. 파타고니아의 회장은 10대 때부터 암벽 등반을 했고
한국에서 군 생활을 했어요. 서울 소재 산의 루트를 개척했다는
비화가 있지요. 리바이스는 청바지에 금속 버튼을 최초로
부착했어요. 금속 버튼 때문에 청바지를 당겨도 안 찢어지고 더
튼튼한 겁니다."

브랜드의 역사와 특징을 알려주면서 정품과 가품을 구별하는 방법도 가르쳐주었다. 그동안 수집한 옷들도 잔뜩 꺼내놓았다. 참여자들에게 해당 브랜드의 제품을 보여주고 마음에 드는 것을 착용하게 한 것이다. 돈 주고도 듣기 어려운 이야기를 듣고, 쉽게 구하기 어려운 귀한 제품의 가치를 함께 느끼면서 참여자들은 함박웃음을 지었다. 두 번째 모임에서는 김목경의 음악을 들었다. 이창형 주인장은 고교 시절 우연히 김목경의 블루스를 듣고 홀딱 빠져버렸다. 아시아의 명인이라고 불리지만 일반인들에게는 잘 알려지지 않은 김목경의 블루스 음악을 함께 들으며 여러 에피소드를 나누었다.

"음악을 함께 듣고 서로의 생각을 나누고 자기가 좋아하는 취향의
음악에 대해서도 함께 이야기를 나누었어요. 역시 무거운 주제가
아닌 음악으로 소통하니 굉장히 분위기가 좋았어요."

다섯 번째 모임에서는 범위를 좀 더 넓혔다. 음악과 영화 등 대중문화가 빈티지 문화에 끼친 영향과 각종 서브 컬처에 대해 알아보면서 참여자들은 더 가까워졌다.

"미국이나 유럽의 밴드가 빈티지 문화에 끼친 영향은 굉장히
큽니다. 가령 그룹 너바나의 커트 코베인이 입었던 모헤어
카디건은 아직까지도 인기가 많고 너바나의 굿즈나 티셔츠는
50만 원 이상의 가격으로 거래되고 있어요."

옛 이웃도 만나고, 단골과는 더 친해지고

이창형 주인장은 커뮤니티를 운영하며 한층 성장했다. 실제로도 공부를 많이 했다. 모임을 준비하면서 힘겹기는 했지만, 어디에서도 쉽게 나누기 어려운 주제로 소통하면서 스스로 묵직해지는 것을 느꼈다.

> "매주 한 번 모임을 해야 한다는 생각에 압박감도 컸어요.
> 잘해야 한다는 마음으로 꼼꼼하게 준비했죠.
> 인터넷을 샅샅이 뒤져 자료를 찾아 공부하고
> 새 옷과 브랜드를 소개하기 위해 발품 팔아서 물건을 구했어요.
> 100만 원도 넘게 옷을 사고 렌털을 했어요. 덕분에 배운 것도 많고
> 좋은 제품을 다양하게 소장하게 되었어요."

단골과는 더 친해졌다. 알고 보니 이웃이었던 이들도 우연하게 만났다. 참여자의 어머니가 고교 때 수학 선생님이기도 했고, 아내는 옆집에 살았던 이웃을 만나기도 했다. 그렇게 서로서로 아는 사이들은 새로운 친분을 맺고 유대감을 쌓았다.

다음번에는 음악이나 영화를 주제로 모임을 만들어보고 싶다는 이창형 주인장. 음악이나 영화를 주제로 이야기할 때 가장 편안했고, 참여자들과도 소통이 쉬웠다. 영화 속에서 스쳐 지나가는 브랜드 이야기를 해도 재미있을 것 같다. 로커가 전해준 빈티지 문화는 어떨까? 나눌 것은 무궁무진하다. 사람의 손길이 닿았기에 매력 있는, 어느 집 옷장 속에 숨겨져 있는 빈티지 제품처럼 말이다.

'니르바나' 이창형 주인장

다른 모습을 경험하며
다시 태어나는 세계
뷰티 숍 한올스타일

나를 다른 모습으로 태어나게 하고 타인에게 색다른 모습을 입혀주는 것은
특수 분장의 매력이다. 한올스타일 한서우 주인장은 특수 분장의 매력을
공유하고 싶어 '도시가 살롱'에 입문했다. 괴물이나 귀신 분장만 한다는 특수
분장의 선입견을 깨고 '아주 가까운 특수 분장'을 사람들에게 알려주고 싶었다.

"피가 모자라요. 피를 주세요!"

피를 찾는 것은 '특수 분장 교실'에서 흔한 일이었다. 라면을 끓여 먹으려고 냄비를 찾다가 그 안에 가득 든 피를 보고 혼비백산한 적도 있고 피 칠갑이 된 화장실에 들어갔다가 기겁을 한 적도 있다. 그런 재미있는 에피소드부터 특수 분장을 하며 느끼는 독특한 즐거움을 나누며 2020년 '도시가 살롱'은 흥미롭게 진행됐다.

영화 속 동경의 대상으로 분장하며 진기한 경험

특수 분장이 궁금하다며 고등학생이 오기도 하고 아이의 손을 잡고 엄마가 함께 오기도 했다. 그야말로 10대부터 50대까지 세대를 막론하고 특수 분장의 거부감을 깨는 데 안성맞춤인 모임이었다. 10명이 좁은 작업실에 모여 복작거리며 분장의 세계에 빠져들었다. 참여자들은 모임을 하는 두 시간 동안 오롯이 나만의 창작 활동에 몰입했다. 먼저 특수 분장과 재료에 대한 주인장의 설명을 들은 후 분장을 실습했다. 참여자들은 어릴 적 영화 속 동경의 대상이었던 주인공을 직접 경험하면서 막연히 그리워만 하던 세계에 흠뻑 빠졌다. 소품이나 의상도 만들었는데 재활용품을 이용해 생활용품을 만들어 가져가기도 했다.

'아주 가까운 특수분장실'

"무서울 거라고만 여겼던 특수 분장이 자신의 단점을 극복하고
장점을 부각시킬 수 있는 방법이란 걸 알게 되고
굉장히 재미있어 했어요. 특수 분장을 통해
이미지 변신을 할 수 있다는 것도 알게 되었죠."

여섯 번의 모임을 한 후에도 분장이나 소품 제작을 더 하고 싶어 작업실
에 들르는 이들이 많았다. 모임은 2021년 낭만 메이커로 이어졌다. 특수
분장 기술은 기초화장을 하는 기술부터 시작해 촬영을 위한 소품이나
도구를 만드는 기술까지 이어진다. 이 때문에 아이디어를 바탕으로 새
로운 물건을 만들어내는 기법과 기술을 잘 알아야 한다. 한서우는 아이
디어가 넘치지만 막상 만들 줄은 모르는 사람들과 아이디어를 공유하고
만들 방법을 찾기로 했다. 생각을 현실로 만드는 일에 나선 것이다.

"거창하진 않지만 간단한 것이라도 각자의 아이디어를 내서
이 세상에 하나밖에 없는 물건을 함께 만들었어요."

막걸릿병, 페트병, 일회용 그릇 등 갖가지 일회용품이 재활용되었고 풀
칠과 덧칠을 통해 전혀 다른 물건으로 태어났다. 어떤 것은 향초 받침이
되었고 어떤 것은 스탠드가 되었다. 완성된 작품은 선물이 되어 누군가
의 손에 따듯이 안겼다.

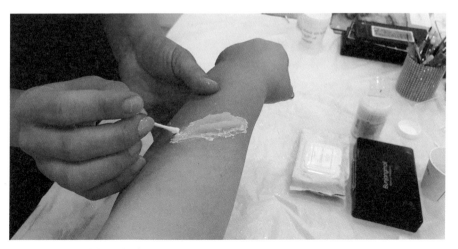

특수 분장 기술로 팔목에 상처를 만든다.

작품을 만들면서 아이디어 회의를 하고 만들기를 하는 시간 동안 두런 두런 살아온 이야기를 나누었고 그것은 또 다른 소통의 시간이 되었다. 서로를 알아가며 나만의 물건을 만드는 재미는 두 배가 되었다.

특수 분장 모임에 참여했던 고등학생은 아예 진로를 바꿨다. 본래 메이크업 전공을 계획하고 있었는데 한서우 주인장으로부터 특수 분장을 접하고 전공을 특수 분장으로 바꿨다. 대학 진학을 위해 특수 분장 관련 자격증을 딸 때는 작업실에서 살다시피 했다. 한서우는 자신을 모델로 진로를 바꾼 친구를 물심양면으로 도왔고 결과는 성공적이었다. 수도권 대학에 진학한 학생은 지금도 종종 주인장의 작업실을 찾아 분장 연습을 한다.

"특수 분장은 나를 살게 하는 힘"

타인들에게 해피 바이러스가 되어 특수 분장의 즐거움을 안겨주었고 한 사람의 인생까지 바꿔놓은 한서우 주인장은 어떻게 특수 분장의 세계에 발을 들여놓았을까.

> "저는 눈이 작아서 눈 화장에 관심이 많았어요, 속눈썹을
> 잘 붙여야 눈이 커 보이거든요. 나에게 맞는 속눈썹을 찾아다니고
> 화장법을 연구하다 내친김에 메이크업까지 공부하게 되었어요.
> 그러다 보니 특수 분장까지 접하게 되었어요. 기초화장이
> 특수 분장의 출발점이고 치과, 외과 등 의학적 지식도 갖춰야 하고
> 화학도 필수예요. 그런 걸 하나하나 공부하다 보니
> 어느새 10년이 넘었어요."

20대에 한서우는 분장이나 화장과는 전혀 거리가 먼 '세무 회계' 관련업에 종사하고 있었다. 문득 숫자 속에 빠져 쳇바퀴 도는 생활을 하는 게 싫증났다. 메이크업 아카데미에 곧장 등록을 하고 그때부터 분장의 매력에 완전히 빠져들었다. 특수 분장은 '끝없는 창작의 세계', '종합예술'이라고 말하는 한 대표는 분장 관련 일과 공부가 '자신을 살게 하는 일'

이라고 한다. 지금도 성신여대 토탈뷰티학과에 다니며 대학원 진학을 준비하고 있다. 특수 분장 전문가의 길을 걷고 있는 한서우는 강원도 대표 특수 분장사로서 자부심이 크다. 강원도 내 특수 분장사를 전문적으로 공부한 사람은 그가 유일한 것으로 알려져 있다.

강원도는 주인장의 작품 활동의 모티브이다. 산과 강이 많은 만큼 갖가지 색깔이 계절마다 변하는 것이 신비롭다. 그 색깔은 마치 특수 분장으로 얼굴을 갈아입는 것과 같다. 강원도는 수많은 부캐릭터를 갖고 있는 천의 얼굴이다. 이 아름다운 땅에서 전문가들이 소통하며 성장하고, 서로 기회를 나누길 기대한다. 그 방법 중 하나가 '도시가 살롱'이었다.

한서우는 요즘 문화예술공장 마음난로 협동조합에도 참여하고 있다. 네일아트, 헤어메이크업, 특수 분장은 물론 여러 문화예술인들이 모여 이웃의 마음을 보살피는 일을 한다. 이 일을 기반으로 더욱 다양한 커뮤니티를 만들고 싶다.

"여러 분야의 사람들과 소통하면서 시야를 트고 싶어요.
저 역시 이웃들이 고정관념을 깨고 가깝고 재미있는 특수 분장을
체험하며 분장을 친근하게 받아들이도록 돕겠습니다."

그대 나의 다정한 이웃

김희연 | 독립문화기획자

한 달에 한 번 '도시가 살롱' 주인장들은 바쁜 시간의 틈을 내어 한곳으로 모인다. 각 공간을 찾아가며 서로 만나는 주인장 모임 덕분이다. 흥미로운 일은 3개월 단위로 새롭게 모집되어 현재 진행 중인 주인장뿐 아니라 지난해에 혹은 올봄에 참여했던 선배 주인장들도 함께 모인다는 점이다. 로컬 서점, 구제 옷집, 찻집이나 꽃집, 미용실 등 비교적 작은 일상의 공간 주인장들이 참여하는 사업인지라 이렇듯 모든 주인장들이 모이는 날이면 때로는 테이블 하나에 어깨를 마주하고 붙어 앉거나 한 명의 자리를 만들기 위해 의자를 움찔거리며 공간을 확보해야 하는 일이 벌어지고는 한다.

둘러앉은 자리에서는 책을 만들거나, 홍보하기 위해 아이디어를 나누고 커뮤니티란 도대체 무엇인지 고민하는 소모임 진행 내용이 흘러나오기도 하고 도시가 살롱을 운영하며 겪은 시행착오를 나누기도 한다. 건물주와의 갈등으로 식은땀 흘리던 경험이나 아직은 낯선 춘천을 만나는 새내기 주인장의 수줍은 인사도 전해진다. 그러나 무엇보다 주인장들을 계속 이곳으로 발걸음하게 하는 것은 커뮤니티에 참여하는 시민들의 애정과 힘이다.

생계를 위해 혹은 자신이 원하는 삶의 방식을 위해, 일과 놀이를 통합하기 위해 주인장마다 공간을 운영하는 목적은 달랐지만 '도시가 살롱'을 통해 만난 시민들과 공통의 경험을 이야기하는데, 이는 나누고 베풀며 공감하는 고마움이었다. 공간 특성별 주인장들의 내공과 전문 지식, 무엇보다 다양한 사람을 만나며 축적된 경험은 그 공간을 찾아가는 누군가에게는 우리 동네 큰언니로, 선생님으로, 마음씨 좋은 아저씨나 동네 형, 누나로 가슴에 담겼나 보다.

생각지도 못한 실직으로 하루가 막막하던 청년이 불쑥 자신의 이야기를 꺼내고, 장애를 지닌 아이가 자신 탓인 것만 같아 가슴에 멍이 든 어떤 어머니의 마음을 쓰다듬고, 놀러 갈 곳이 없어 시간을 흘려보내던 어머니가 이십 대 청년과 친구가 되었다며 즐거워하는 곳. 걸어서 한 걸음이면 언제든 나를 반겨주고 내 이야기를 들어주는 우리 동네 안식처가 생겨났다는

시민들의 이야기는 쉽지만은 않은 도시가 살롱 프로젝트에 참여하는
주인장들에게 힘이 되어준 듯하다.

"디저트를 좋아하는 것이 아직도 어떤 사람들에게는 유흥이나 낭비로
보이나 봐요."

경험하지 않으면 모른다. '러블리슝슝'의 커뮤니티 모임은 초콜릿의 역사와
나라별 초콜릿의 차이점이 어떻게 다른지 춘천 내 소문난 디저트 매장의
다양한 케이크를 나누어 먹으며 시작되었다. 개인의 취향은 무엇인지
달콤함이 주는 위로와 응원은 어떤 것인지 혀끝을 맴돌며 스윽 녹아버리는
케이크처럼 이야기를 나누었는데 정신을 차리고 보니 지역 과일이나
특산품을 이용한 신제품 개발에 관한 의견까지 처음 보는 사람들과
열렬하게 토론하고 있었다. 이름도 모르고 성도 모르며 나이는 몇 살인지
학생인지 직장인인지 전혀 중요하지 않았다. 중요한 것은 모인 사람들 모두
대화에 집중하며 몰입하고 있었고 그 가운데 내공 가득한 주인장이 모든
이야기를 경청하고 공감해주고 있다는 사실이었다.

"자신이 경험하지 않았다고 타인의 취향을 재단하듯 낭비로 보는
사람들에게 여기 꼭 한번 와보라고 하고 싶어요." 불쑥 핸드폰을 꺼내며
이렇게 모인 것도 인연인데, 단톡방을 만들어 계속 만나자는 한 참여자에게
서로 전화번호를 교환하느라 북적인다.

익숙하지 않아서 왠지 낯설고, 어렵게 느껴지던 차향을 듬뿍 담아올 수
있게 해주었던 '달향', 싱잉볼 소리에 마음을 내려놓으며 나무와 하늘 풍경
가득 눈에 담고 종이에 싸인 대파 씨앗이 내년 봄을 기다리게 해주었던
'클랑포레스트', 모임에 늦으면 또 어딘가 울고 있는 고양이를 품에 담아
동동거리는 발걸음을 옮기는 중이라는 걸 알게 해준 '고양이책방 파피루스',
아이디어 가득 매번 새로운 시도와 지속하는 모임의 노하우를 나눠주는
'공유책방 본책', 앞, 뒤, 옆, 위, 아래 모두 주변을 살피는 눈이 있으신가
의심하게 하며 멋진 오지랖으로 주변에 마음을 건네는 '마음놀이터&맘청',

커피란 이런 것이구나 주인을 닮은 공간이란 이런 곳이구나 고개 끄덕이게 하는 '키리엘', 꽃차와 어여쁜 소품으로 마음을 밝혀주던 '꽃마중', 주인장들의 스타이자 커뮤니티 모임의 오랜 경험을 아낌없이 나누는 '실레책방', 도시가 살롱의 시작과 공간의 성장을 연결하며 모든 순간 주변을 응원하며 격려하는 즐거움을 전하는 '화양연화커피', 주변 이웃과 내가 사는 곳에 더욱 뿌리내리고 발 딛게 먹고 사는 문제도 고민하고 나누려는 '위드블라썸'과 '시골하루', 흙과 불의 노래 도자기를 통해 작은 이끼도 당당히 큰 목소리를 낼 수 있던 '도자기 공방 사이', 예술을 통한 상상력과 넘치는 에너지로 주인장의 팬층을 확산하고 있는 '음악공방 Dacapo'의 주인장들도 매번 도시가 살롱 주인장 모임을 찾으며 그간 진행된 커뮤니티 모임 이야기를 풀어놓는다.

풋살을 하고 건강 주스를 만들고 반려견과 걷고 중년의 이야기를 나누거나 장애 아동을 키우는 엄마들이 모인다. 힙합을 통한 문화를 나누는 사람들도 도시가 살롱으로 서로 통한다. 그렇게 모인 사람들은 서로에게 진동하며 어긋나고 모나던 마음을 이리저리 돌려 맞추고 잘 모르지만 잘 아는 것 같은 이상한 공감대를 지니고 다음 모임을 기다리게 된다. 지지직 흘러나오는 라디오 채널을 이리저리 돌려 주파수를 맞추면 선명한 목소리와 음악이 흘러나오던 기억처럼 나와 다른 누군가를 서로의 취향과 관심사의 주파수로 맞추어 진동하며 신호를 보낸다.

위로와 위안이 필요한 시대다. 텅 비거나 상처 난 마음이 조각나서 서로의 눈 맞춤에도 힘이 들어가고 목소리가 높아진다. '도시가 살롱'은 이런 시대에 끊임없이 신호를 보낸다.

"그대 나의 다정한 이웃이 되어주실래요? 나도 당신의 다정한 이웃이 되어줄게요"라고. 그러니 이제 만남을 위해 툭툭 엉덩이를 털고 불 켜진 그곳으로 향하자. 매력적인 주인장들이 귀 열고 마음 열어 나를 환대하는 '도시가 살롱' 속으로.

Chaper 02.
성장하는 커뮤니티

글쓴이 | 김선순

사보 기자, 자유기고가, 대필작가로
오래 일했다. 최근 4년간 춘천시청에서
시정소식지를 만들다 다시 프리랜서 에디터,
콘텐츠 프로듀서, 출판 프로젝트 매니저와
출판 강사로 활동 중이다. 인터뷰하면서
느끼는 인터뷰이와의 교감과 그것을 글로
생산해내는 과정을 사랑한다.

희열을 선물하는 아름다운 관찰자
있는그대로

있는그대로는 자연연구가 오은자 주인장이 상담코치인 동생과 함께 운영하는 동네 책방이다. 2020년부터 2022년까지 '나무 프로젝트', '초록 룸메이트', '죽음과 상실에 대한 대화', '산책하는 글쓰기', '나무에 그리는 쉼표, 우드버닝' 총 5개의 '도시가 살롱' 커뮤니티를 운영했다. 앞으로 이곳에서 다양한 커뮤니티 전문가를 키워 행복한 공동체가 많아지기를 꿈꾼다.

춘천 도심과 외곽 그 경계 어디 즈음에 자리 잡은 동내면 거두리. '면'이니 '리'니 하는 이름에 전혀 어울리지 않게 대로변에는 버거킹과 파스구찌 등 유명 프랜차이즈가 들어서 있고 골목마다 일부러 찾아가는 맛집이 많은 동네다. 거두리 먹자골목 한 모퉁이에 작지도 크지도 않은 규모로 자리 잡고 있는 '있는그대로'. 오랜 시간 수도권에 살다가 막연하게 다른 지역에서 살아보는 건 어떨까 생각하던 오은자, 오은경 자매가 춘천과 인연이 닿아 열게 된 책방이다. 각자 자연연구가와 상담코치라는 직업을 가지고 있어 '도시가 살롱' 태동 전부터 자체 커뮤니티를 운영해오고 있었다.

외부 환경이 아닌 나의 존재에서 안정감을 찾는다

오은자 주인장이 '도시가 살롱'에 참여한 동기는 코로나 상황에서 느끼는 불안감을 제대로 바라보고 싶어서였다.

> "사람들은 경제적, 직업적, 심리적 영역에서 안정감을 느끼고
> 싶어하지만 코로나를 겪으면서 언제든 바뀔 수 있는
> 상황, 관계, 위기 등의 외부 환경에서 안정감을 찾기는
> 어렵다는 걸 알게 되었죠."

그래서 생각한 것이 '오히려 나에 대해 더 잘 알아가고 나와 친밀해지며 나의 존재에서 찾을 수 있는 안정감'에 대해 고민하는 것이었다. 첫 커뮤니티였던 '나무 프로젝트'는 이처럼 '나는 무엇을 하고 싶을까'라는 화두를 가지고 시작됐다. '나무 프로젝트' 커뮤니티에 참가한 사람들은 다양한 질문과 나눔을 통해 자신의 생각을 들여다볼 수 있었다. 또 다른 사람들의 생각을 들여다보며 자신의 생각이 더 확장되는 체험을 했다.

> "나는 어떤 사람인지, 어떤 사람이 되고 싶은지, 나의 고유성을
> 알아가면서 안정감을 느끼게 됐어요. 나를 설레게 하는 것,
> 나를 떨리게 하는 것을 알아가는 과정이 나를 찾는 과정이었죠."

또 한 가지 '내가 혼자가 아니라는 것, 즉 누군가와 연결되어 있고 안전하다'는 것을 느끼게 해주는 연결감 또한 안정감을 느끼게 해주는 요인이라는 것을 깨달았다. 어떤 상황 속에건 내가 원하는 것이 무엇인지 알고, 내가 혼자가 아닌 것을 깨닫는다면 불안감이 찾아와도 금방 극복해낼 수 있다는 것. 커뮤니티가 준 큰 교훈이었다.

감탄하며 사는 순간이 많아지길

'아름다운 관찰자'.
오은자 주인장은 스스로를 그런 사람이라 생각한다. 커뮤니티를 운영하며 매 회차 배움이 있었는데 특히 깊은 다양성에 대해 배운 것 같다고 했다. 또 이웃 한 사람 한 사람이 가지고 있는 특성을 접하면서 수용력의 그릇이 커지는 것도 느꼈다. 그러면서 스스로 나다운 것이 무엇인지 발견하게 됐다고 했다. '아름다운 관찰자'로서 다른 사람을 도와줄 수 있다는 사실이 기뻤다.

> "저는 감탄하는 순간을 가장 좋아해요. '예쁘네, 사랑스럽네' 같은
> 감탄사로 문장을 마치는 걸 좋아하죠. 저처럼 다른 사람들도
> 감탄하며 사는 순간들이 많아졌으면 좋겠어요. 사람들이 삶의
> 희열을 경험할 수 있게 도와주고 싶어요."

행복을 공유하는 시간 불행을 공유하는 시간

이곳 주인장은 꽃과 나무, 숲에 관심이 아주 많다. 산림교육전문가, 목재교육전문가라는 타이틀 대신 '자연연구가'라는 직업을 지은 것도 그 때문이다.

두 번째 커뮤니티 '초록 룸메이트'는 이런 직업적 경험을 살려 만들었다. 식물과의 동거 경험, 생명체에 귀 기울이는 법, 아름다운 공생에 관한 이야기를 나누며 삶의 감각이 더 넓어지는 경험을 공유했다.

세 번째 커뮤니티 '죽음과 상실에 대한 대화'는 아버지의 급작스런 응급 수술과 간병 과정을 거치면서 우리 삶에 존재하는 상실과 죽음에 대한 경험과 감정을 용기 있게 나누는 시간이었다. 자살자 유가족, 암 투병 환우, 그리움을 대하는 법을 알고 싶은 사람 등 비슷한 상황에 놓인 사람들이 서로의 숨구멍이 되어 삶의 일부로서 '죽음과 상실'을 마주할 수 있었다.

'초록 룸메이트' 식물 관찰

'죽음과 상실에 관한 대화'

사적인 것을 욕망하는 자, 무죄

> "'죽음과 상실에 대한 대화'를 하면서 이제는 조금 괜찮아졌다고
> 생각했는데 오랜 간병 기간 동안 힘들고 지친 몸은 어쩔 수
> 없었어요."

그래서 만든 것이 네 번째 커뮤니티 '산책하는 글쓰기'다. 문득 '더 사적인 것들을 욕망하라'는 어느 평론가의 말이 생각났고 그래서 평소 좋아하는 산책과 글쓰기를 주제로 잡았다. 그렇게 자연의 아름다움을 눈에 담는 시간을 즐겼고 자연의 에너지를 몸에 채우면서 고통과 어려움에만 머물러 있던 시선과 스스로에게 매몰되어 있던 시간에서 탈피할 수 있었다. 나를 위해 만든 커뮤니티였지만 모두가 삶의 무게감에서 벗어나는 것을 보면서 춘천의 아름다운 곳곳에서 마음을 나누는 커뮤니티를 더 많이 기획해보고 싶어졌다.

내가 정말 필요한 존재라는 것을 느끼는 순간의 희열

함께 성장하는 기쁨이 있다. 정직하게 나를 나눌 때 누군가에게는 성장이 되고 전환이 되고 기쁨이 되는데 그 순간들이야말로 인생에서 놓치기 힘든 희열의 순간이다. 그 희열을 더 많은 사람이 느낄 수 있도록 주인장은 커뮤니티 전문가를 키워볼 생각이다. 좋은 색깔을 가진 사람들이 좋은 커뮤니티를 만들고 그러한 커뮤니티가 늘어나면서 행복한 공동체가 많아지는 것, 그것이 주인장이 꿈꾸는 미래다.

'있는 그대로' 오은자 주인장

언제나 그 자리에
책즐겨찾기

책즐겨찾기는 춘천시 후평동 일단지시장 도로변에 있는 책 대여점이다. 너무 많이 알려지는 게 싫어서 114에 전화번호 등록도 하지 않았다. 20년 넘게 이곳을 지키고 있는 주인장은 책 숲속의 요정이 아닌 문지기가 되고 싶은 유은정이다. "요즘도 책 대여점이 있어요?"라는 질문은 이제 애교로 넘긴다. 여름에는 책상 위의 선풍기 같고 겨울에는 작은 히러 같은, 공기처럼 간섭하지 않으면서도 늘 지켜주는 따뜻한 공간이 되고자 한다.

이 얼마나 황당하고 무모한 계획인가!

후평동 일단지시장은 춘천에서도 사람들의 왕래가 꽤 많은 곳이다. 전통 시장과 소규모 외식업 가게가 대부분인 이곳에 요즘은 찾아보기 힘든 책 대여점이 있다. 왠지 먼바다를 항해하는 외로운 돛단배의 느낌이 드는 곳. '책즐겨찾기' 유은정 주인장은 책 숲속에서 책과 같이 사는 사람이다. 책 숲속 문지기처럼 언제나 그 자리에서 20년째 책방을 지키고 있다. 주 고객은 50대와 60대이고 대부분 단골손님이다. 그러던 어느 날 책방 손님이 '도시가 살롱' 커뮤니티 신청서를 가지고 찾아왔다. 다른 공간의 커뮤니티에 속해서 활동을 해봤는데 여기서도 하면 좋겠다는 거였다. '뭐라고? 이 좁은 공간에서 커뮤니티를 만들어 내가 하고 싶은 것을 이웃들과 하라고?' 처음에는 웃었다. 이 얼마나 황당하고 무모한 계획인가. 이런 활농이 도시에 무슨 변화를 준다는 건지 이해하기 힘들었다.

> "그런데 많은 것을 바라지 않고 딱 한 가지만 요구한다는 사실에
> 마음이 갔어요. 머리 써야 하는 기획서, 많은 영수증, 진행 과정
> 등에 대한 요구 없이 그저 주인장의 취향을 존중하고 지지해주는
> 모습에 한번 해보자 싶었죠."

도시에 집 이외의 다른 공간을 가지고 있다는 것

처음 시작한 커뮤니티는 책방 주변 이웃들과 함께했다. 코로나로 억눌려 있는 사람들끼리 모여 서로 다독이는 시간을 가지며 힐링을 하는 것이 목표였다. 커뮤니티 이름은 '언제나 그 자리에'로 정했다.

> "처음엔 조금 웃겼어요. 대부분 자영업을 하는 분들이라 가게에
> 매여 있으니 온몸이 찌뿌둥하다고 해서 재활 치료사를 강사로
> 초빙해서 호르몬에 대한 강의도 듣고 마사지도 받고 했는데
> 다들 다음날 아프다고 난리도 아니었어요.
> 다들 몸이 너무 굳어 있었던 거죠."

두 번째 커뮤니티 '언제나 그 자리에 2'에는 조금 더 많은 것을 담고 싶었다. 특히 평소 못했던 문화생활을 누리고 싶었다. 책 이야기, 인생 이야기, 추억 말하기, 나를 표현하기, 사회 문제 토론하기. 매시간 전문 강사를 불렀다. 작가를 초청해서 미술 작품을 감상하는 법도 배우고 실제 그림을 그려보기도 하고 요가 강사를 불러 나의 몸에 감사하는 시간도 가졌다. 연극배우를 불러 연기도 해봤다.

> "커뮤니티가 계속될수록 내가 가진 공간의 중요성과 고마움을
> 느꼈어요. 공간과 문화가 우리를 하나의 커뮤니티로 엮어줬구나
> 하는 생각이 들었죠. 도시 속에 집을 제외하고
> 다른 공간을 가지고 있다는 것이 참 의미 있고
> 재미있는 일이 될 수 있다는 것을 알았습니다."

나의 마음에 집중하는 시간

두 차례의 커뮤니티를 운영하면서 주인장에게 가장 중요한 의문이 생겼다. 나는 왜 이 공간에서 커뮤니티를 운영하고 있는가. 내가 참가자들에게 줄 수 있는 것은 무엇인가. 처음에는 무조건 잘해주고 싶어서 간식도 신경 쓰고 이야기도 잘 들어주다가 두 번째는 같이 그림을 그려볼까, 악기를 배울까, 공연을 해볼까 하며 이것저것 해봤는데 결국 이 모든 것의 이유는 단 하나라는 생각이 들었다.

> "참가자들이 이 공간에 와서 좀 쉬었다 가는 것. 행복한 시간을
> 보내는 것이 핵심이라 생각했어요. 그래서 우리의 행복한 시절은
> 언제였는지, 우리의 리즈 시절을 돌아보기로 했죠."

그래서 만든 것이 세 번째 커뮤니티 '판타스틱한 나의 인생, 자서전 만드는 책방'이었다. 자신의 인생을 돌아보고 책을 만드는 것이 목표였는데 책의 내용은 글이든 사진이든 상관없이 각자가 원하는 방식으로 꾸미기로 했다. 그런데 책을 만드는 일은 생각보다 힘들었다. 글을 쓰려면 생각을 해야 하는데 그것도 너무 힘들고 사진을 채우려면 사진을 찾아야 하

는데 그 또한 쉽지 않았다. 그래서 자서전에 집중하는 것보다 자신의 인생, 자신의 마음에 집중하자는 것으로 의견을 모았다. 주객이 전도돼서는 안 될 일이니까. 또 하나의 문제는 예산이었다. 지원받는 금액을 웃돌 수밖에 없었는데 그 부분은 각자가 부담하기로 했다.

"처음 커뮤니티를 이끌어나갈 때부터 참가비를 받을지 말지
고민이 많았어요. 어떤 주인장들은 잘 받는데 저는 좀 그래서
안 받았더니 나중에 지원금보다 지출이 더 많아지는 일이 생기고
말았죠(웃음)."

책 대여점에서 북 콘서트 열 것

커뮤니티 제안을 처음 받았을 때 이 좁은 공간에서 뭘 한다는 것이 황당하고 무모하다고 생각했던 주인장은 이제 '좁아서 어떡하지?'가 아니라 '좁아서 좋았다'로 생각이 바뀌었다. 호기심과 열정이 생겼고 소통과 배려에 익숙해졌다. 이제는 이 공간에 좋아하는 작가와 음악가를 초청해

'판타스틱한 나의 인생, 자서전 만드는 책방'

서 북 콘서트를 열고 싶은 꿈도 생겼다. 거창한 것이 아니라 평소 좋아하지만 접하기 힘든 콘트라베이스나 트럼펫, 리코더 등 악기 한두 개로도 가능한 작은 콘서트를 열 것이다.

커뮤니티를 통해 소통하고 성장하면서 주인장의 삶에도 작지만 아름다운 변화가 일어나고 있었다.

'책 즐겨찾기' 유은정 주인장

아름다운 지구해방클럽
보나커피집

보나커피집은 춘천향교가 있는 춘천 교동의 조용한 골목에 자리 잡고 있는 예쁜 카페다. 싱어송라이터 한인희 주인장이 가끔 혼자 기타를 연주하는 모습을 볼 수 있는데 마치 영화 속의 한 장면을 보는 듯하다. 도시가 살롱 커뮤니티를 운영하는 과정에서 제로 웨이스트와 채식에 관심이 많아진 주인장은 카페 안에 작은 제로 웨이스트 숍을 열었고 비건 옵션 메뉴도 추가했다. 요즘은 가족과 함께 채식을 실천하고 있으며 작은 텃밭이라도 가꾸어 소농이 되어보려 한다.

스쳐 지나는 만남이 아닌 지속적인 관계 원해

보나커피집은 춘천에서도 한적하기로 유명한 교동 골목 어디 즈음에 있다. 어디서나 만날 수 있는 평범한 골목에 보나커피집이 생기면서 자주 지나가고 싶은 예쁜 골목이 탄생했다. 노란 대문과 통유리창이 예쁜 이곳은 해가 잘 들어 차를 마시며 가만히 앉아 있기에 좋은 공간이다. 한인희 주인장이 교동에 카페를 연 것은 누구나 쉬어가기 좋은 위치에서 좋은 사람들과 지속적인 교류를 하고 싶어서였다. '보나커피집'이라는 이름은 카페를 오픈하기 전 싱어송라이터로 활동할 때 쓰던 예명을 따서 지었다.

주인장은 오래전부터 환경 문제에 관심이 많아서 매장 내에서는 일회용품을 사용하지 않는다. 가능한 매장 내에서는 쓰레기를 만들지 않으려고 한다. 테이크아웃을 할 때는 생분해 컵, 사탕수수 컵, 생분해 빨대를 사용하는 등 환경 보호를 위해 노력하고 있다. 그런 주인장이 도시가 살롱 커뮤니티 사업에 참여하게 된 이유는 평소에 커피와 차를 마시고 따뜻한 말 한마디를 건네는 손님들을 스쳐 지나는 사람이 아니라 사람 대 사람으로 만나보고 싶었기 때문이었다.

> "그냥 커피를 팔고 인사만 나누는 것보다 만나서 대화를 하는
> 시간을 갖게 된다면 단조로웠던 일상이 조금 더 즐거워질 것
> 같았어요."

그래서 만든 첫 커뮤니티는 '오늘밤 음감회-음악에 기대어보는 밤'이었다. 따뜻한 차와 함께 서로가 선곡한 음악을 조용히 듣고 대화를 나누는 일은 즐거웠다. 이야기를 하는 동안 잊고 있었던 순수한 자신의 모습도 발견했고 잊고 있었던 꿈도 생각났다. 사람들의 다양한 취향을 공유할 수 있는 점도 매력적이었다.

마음을 채우는 식사를 배우다

한인희 주인장은 몇 년 전 잠깐 채식을 했던 경험이 있었다. 꾸준히 실천하지 못한 것이 항상 마음에 걸렸는데 이제는 채식에 대한 공부를 미루지 말아야겠다는 생각이 들어서 두 번째 커뮤니티 '나와 지구를 살리는 채식 맛보기'를 만들었다. 채식 요리를 함께 만들어보고 맛보는 시간이었다. 처음에는 가벼운 마음으로 시작했는데 막상 채식에 대한 공부를 해보니 평소 알던 것보다 훨씬 큰 환경 문제와 기후위기, 동물권과 전염병의 문제까지 생각할 부분이 많았다. 그동안 너무 당연하게 동물들의 희생이나 고통을 인간의 권리로 생각했던 것은 아닌지 반성하는 마음이 들었고 마음이 아팠다.

그것과 더불어 채소와 야채, 과일 위주의 식사를 하다 보니 속 쓰림이나 배가 더부룩했던 현상이 없어지고 마음이 채워지는 것을 느꼈다. '무엇을' 먹을지가 아니라 '어떻게' 먹을지를 고민하는 지점에서도 새로운 시각이 생겼다.

'지구해방클럽'

하고 싶은 걸 해볼 수 있는 즐거움

주인장은 보나커피집을 열고 하고 싶은 게 참 많았다. 콘서트도 하고 싶고 이런저런 프로그램도 만들어보고 싶었는데 커뮤니티를 통해 하고 싶었던 일을 하나둘 할 수 있게 되어 무척 행복했다.

세 번째 커뮤니티는 채식에 대해 조금 더 심도 있게 알아보고 싶었기에 '나와 지구를 살리는 채식 라이프 토크-동물권 읽기 & 비건 아티스트 톡'을 열었다. 동물권을 읽고 비거니즘에 대해 함께 고민하고 공부하는 모임이었다. 비건 아티스트를 초대해 그들의 작품과 채식 라이프 이야기를 콘서트 형식으로 감상하는 시간도 가졌다.

보나커피집에는 흔히 볼 수 없는 특별한 메뉴가 있다. 카페라떼나 카푸치노, 핫초코 등 우유가 들어가는 음료에 우유 대신 두유나 귀리를 넣은 메뉴다. 처음에 낯설어하는 고객들도 한 번 먹어보고는 "음 괜찮네요" 하며 좋아한다. 또 우유나 달걀, 버터를 넣지 않은 비건 쿠키도 직접 구워 판다. 채식에 대해 공부하면서 사람들이 조금이라도 채식에 관심을 가졌으면 하는 마음에서 개발한 메뉴들이다.

교동 어벤저스 지구 해방을 꿈꾸다

주인장은 음악을, 남편은 무용을 하는데 이들이 온몸으로 지구를 회복시키는 삶에 대해 고민하고 실천하는 모습이 아름답다. 네 번째 커뮤니티 '지구해방클럽'은 교동에 사는 아티스트들과 힘을 모았다. 이른바 교동 지구해방 어벤저스다.

> "현대무용을 통해 동물에 대해 사유해보기,
> 돌 위에 동물 그려보기, 노 튜브 치약 만들기 등 여러 활동을
> 했어요. 이전에는 조금 소극적인 형태의 커뮤니티를 이끌었다면
> 지구해방클럽에서는 환경, 동물권, 제로 웨이스트에 대해
> 더 깊이 경험하고 즐겁게 실천해보는 시간이었습니다."

함께 다큐를 보는 시간은 특히 유익했다. 다큐 '자연농'을 보면서 앞으로 작게라도 농사를 지어 가족이 먹을 것은 직접 생산해서 먹는 소농의 꿈도 갖게 됐다.

주인장은 다음 커뮤니티는 제로 웨이스트 활동가 & 비건인의 모임인 일명 '제비'들의 모임을 가져보고 싶다고 했다. 다양한 사람이 만나는 것도 좋지만 한 번 정도는 지향을 같이하는 사람들이 모여 정보를 공유하고 지역에 도움이 되는 일을 도모하면 재밌을 것 같다는 생각이 들기 때문이다. 세상에 멋진 제비들이 많아지고 이들이 주도하는 커뮤니티도 많아졌으면 좋겠다.

김영경 그림책 작가와 함께한 '동물 그리기'

'보나커피집' 한인회 주인장

도시보다 아름다운 농촌 살롱
시골하루

시골하루는 어렸을 적 시골 할아버지 댁에 놀러 가서의 좋은 기억을 간직하고
자연과 교감하는 일을 하고 싶어 시골에서 살기로 한 이범준 주인장의 삶터다.
농촌에서 행복한 삶을 살면서 누군가와 이 행복을 나누고 싶어 동면 상걸리에
있는 자신의 농가와 농장에서 농촌 문화를 경험하는 활동인 '시골하루'
커뮤니티를 만들었다. 항상 따뜻하게 반겨주시던 할아버지처럼 늘 같은
자리에서 기쁘게 사람들을 맞이하며 시골에서의 행복한 삶을 더 많은 사람이
경험할 수 있게 도와주고 있다.

시골 생활의 행복을 나누고 싶어!

어릴 적 주말마다 할아버지 댁에 가서 만났던 농촌은 늘 새로움으로 가득했다. 자연과 교감하는 삶에 많은 영향을 받은 이범준 주인장은 전공으로 생물학을 선택했고 대학원을 졸업한 후에 자연과 교감하는 일을 하고 싶어 시골에서 살기로 했다. 늘 같은 공간이지만 계절이 바뀌고 심어놓은 온갖 채소들이 자라는 모습을 보는 일은 행복했다. 양봉과 함께 들깨, 옥수수 농사를 지었는데 농장으로 가는 일이 매일 여행과 같았다고 한다.

'나는 너무 행복한데 이 행복을 누군가와 나누고 싶다. 그래! 새로운 친구가 필요해. 그런데 어떻게?' 어떻게 친구를 만들까 고민하고 있던 바로 그때 문화노시 춘천의 '히치하이커를 위한 안내자' 사업이 있어 지원을 했다. 농촌 생활에 관심 있는 사람들을 집으로 초대해 2020년 10월 '시골에서 느끼는 하루의 여유'라는 주제로 '시골하루' 공동체를 만들었다.

시골의 가치를 지키는 문화 만들기

주말이면 찾아와서 가족처럼 지내는 '시골하루' 모임이 일회적인 체험이 아닌 지속적인 공동체가 되었으면 좋겠다는 생각을 할 무렵 이번에도 문화도시가 손을 내밀어줬다. '도시가 살롱' 커뮤니티 지원 사업에 선정된 것이다.

> "토요일이면 친구들이 온다는 생각에 들떴고 마을에 생기가
> 돌았어요. 그동안 농촌은 문화를 즐길 수 없는 곳이라 생각했는데
> 농촌에서 보내는 삶의 방식이 하나의 문화로 자리 잡을 수 있을
> 것이라는 확신이 생겼어요."

'도시가 살롱'은 주인장의 농촌 생활에 전환점을 만들어줬다. 그동안 고민했던 농촌 공동체 활성화와 농촌만의 문화에 대해 여러 가지 도전을 해볼 수 있었고 가능성도 확인했다.

'시골하루' 커뮤니티는 총 4회에 걸쳐 진행됐다. 커뮤니티 이름은 계속 똑같았다. 일회적인 체험이 아닌 지속적인 커뮤니티 활동을 지향했기 때문에 시간에 따른 시골의 변화를 함께 느끼게 해주고 싶었다. 봄에는 농장을 가꿀 준비를 하고 심고 싶은 모종을 같이 선택했다. 5월에 모종을 옮겨 심었고 농작물이 자라면 수확해서 같이 요리를 해 먹었다. 복날에는 백숙을 해 먹고 가을에는 곶감을 만들었다. 겨울에는 농장에 심은 무와 배추로 김장을 하고 겉절이와 보쌈을 함께 만들어 먹었는데 요즘은 조금씩 사라져가는 문화를 함께 체험해볼 수 있어서 좋았다.

"저는 사람들과 어울리기 좋아하는 성향이에요. 홀로 농장에서
일할 때 심리적으로 많이 외로웠었는데 커뮤니티를 하면서
제 삶이 건강해진 기분이에요. 농촌에 마을을 만들고 싶다는
제 꿈에 대한 방향성도 다시 찾을 수 있었어요."

도시가 살롱 번외 프로그램 '오늘은 여행자 살롱'

공동체가 추구하는 가치에 어울리는 공간 필요해

하지만 작은 집과 농장을 기반으로 하는 만큼 많은 사람을 수용하기 어려워 아쉬움이 컸다. 평소 농촌에서 사람들이 휴식을 취할 수 있는 치유농업에 관심을 갖고 있던 주인장은 '시골하루' 커뮤니티를 운영하면서 농촌에 공적 공간이 필요하다는 것을 다시금 느꼈다.

> "마을회관이 있다고 해도 외부인이 마음껏 이용할 수 없고
> 도농교류센터 같은 곳은 젊은 사람들 정서에 맞지 않는
> 부분이 있어요. 저는 하드웨어보다 더 중요한 것이 공동체를
> 이끌어가고자 하는 사람이 추구하는 가치라고 생각해요.
> 그 가치에 맞게 공간이 꾸며져야 하는 거고요."

'시골하루'는 사적 공간을 공유해서 공적 공간으로 이용한다는 점에서 '도시가 살롱' 모든 공간과 같은 가치를 추구하지만 시골이라는 특성상 프로그램 진행이나 공간 사용에서 한계를 느낄 수밖에 없었다. 도시 공간의 경우 몇 시간 모여서 흩어지면 되지만 시골에서는 같이 농사를 짓는 등 여러 활동을 하면서 시간이나 비용 면에서 부담이 되는 구조다.

'시골하루' 모임원들

"유럽의 경우 치유 농업 커뮤니티를 운영하는 농장에 1인당 4만
원 정도의 복지 비용이 나갑니다. 며칠 휴가를 내서 농촌에서
쉬고 오게 보장해주는 곳도 많아요. 도시에서 번아웃된 사람들이
자연을 보며 치유할 수 있게 시간과 비용을 대주는 거죠."

춘천에 살고 있는 주인장은 춘천의 농촌이 이제는 생산에만 너무 힘을
주지 말고 농촌 문화산업에도 눈을 돌려야 한다고 생각한다. 수도권과도
가까우니 치유 농업을 하기에 경쟁력도 있다.

"지금은 공간이 좁아 자고 갈 수 없지만 언젠가 그런 시설이
만들어져서 제주도가 아닌 춘천에서 쉬다 갈 수 있는 사람들이
많아졌으면 좋겠습니다."

곧 2주년을 맞는 '시골하루'는 2주년 행사로 음악회를 계획하고 있다.
1년에 찾아오는 사람이 5명 이하였던 이곳에 이제는 연 100명 정도의
사람들이 찾아온다. 지극히 개인적인 공간이었던 이곳이 모두의 공간이
된 것을 축하하는 자리다. 시골에 사는 행복을 함께 나누고 싶어서 자신
의 시간과 공간을 기꺼이 내주는 이범준 주인장. 새로운 형태의 시골 공
동체로 사람이 사람을 가꾸고 돌보는 춘천만의 농촌 문화가 자리잡길
바란다.

춘천 바그다드 카페
화양연화커피

춘천 가수 녹우의 노래 중 "춘천에서는 방황만이 사랑의 고백이다"라는 가사가 있다. 화양연화커피는 술 한 잔 마시고 방황하기 딱 좋은 석사동 골목에 자리 잡은 레트로 음악 카페다. LP에 취해 분위기에 취해 시간 보내기 좋은 곳인데 요즘은 춘천뿐 아니라 외지에서도 일부러 찾아오는 핫플이 되었다. 농담할 때는 싱겁지만 뮤직박스에 들어가면 환상적인 선곡과 멘트로 가슴을 울려주는 주인장을 만나볼 수 있다.

절실하면 저질러라

'화양연화' 하면 제일 먼저 양조위와 장만옥이 떠오르고 이어 '인생에서 꽃과 같이 가장 아름답고 행복한 시간'이라는 단어의 뜻을 음미하게 된다. '화양연화커피'는 젊은 시절 고향 춘천에서 음악다방 DJ로 활동하던 최대식 주인장이 생활에 쫓기던 서울에서의 삶을 접고 소장하고 있던 LP와 함께 자신의 추억을 소환해 연 공간이다. 토목공학과를 나왔지만 첫 직장을 음반회사로 선택할 만큼 음악을 좋아하던 자신의 인생 2막을 온전히 음악과 함께하고 싶어 일을 저지른 것이다. 레트로와 뉴 트렌드의 접목을 통해 Old & New가 소통하는 음악 공간을 만들어보자 했는데 신기하게 반응이 좋았다.

> "제 과거의 추억을 찾아 만든 카페에 젊은 세대들이 찾아와
> 옛날 음악을 신청하는 걸 보며 신기했죠. 음악은 경계가 없어요.
> 세대든 장르든 모든 걸 아우르죠. 그게 음악의 힘입니다."

일러스트레이터인 아들이 골라준 깊은 초록 페인트의 힘이었을까. 손님들은 화양연화커피라는 공간을 특별한 곳으로 여겨줬고 잊지 않고 찾아오는 단골도 많아졌다. 하지만 개업하고 몇 달이 안 돼 불청객처럼 코로나19가 찾아왔다. 큰 욕심 없이 좋아하는 음악이나 들으며 조용히 살고 싶은 자영업자의 평범한 일상은 위협받을 수밖에 없었다. 그때 그에게 손을 내밀어준 것이 심리방역 커뮤니티 '도시가 살롱'이었다.

> "도시가 살롱은 저에게 '신의 한 수'였어요. 처음에는 그저 재단의
> 지원금을 받아서 월세라도 보태보자는 생각이었어요.
> 그런데 첫 번째 커뮤니티를 하면서 생각이 바뀌었어요.
> 제 인생의 터닝 포인트가 된 소중한 순간이었죠."

불안이 사라지고 자신감이 찾아오다

첫 커뮤니티 '팝음악 이야기와 팝송영어 배우기'는 추억의 팝송을 듣고 가사를 음미하고 함께 불러보는 즐거운 시간이었다. 모든 참가자가 너무나 행복해했던 첫 커뮤니티는 '화양 패밀리'라는 이름으로 묶여 지금까지도 화양연화를 지탱하는 힘이 되고 있다. 두 번째 커뮤니티는 '시 낭송 콘서트, 시(詩)로 부르는 역사'로 시와 역사, 인문학을 염두에 둔 기획이었다. 시가 지닌 운율과 음악이 지닌 운율을 공감하고 함께 감성을 공유한 시간이었다. 시 낭송 전문가, 시인, 일반 참여자가 어우러져 시를 낭독할 때, 그 느낌과 이해는 배가 되었다. 시와 음악이 닮았다는 것도 느낄 수 있었다.

두 번의 커뮤니티를 운영하는 동안 월세라도 벌어보자던 주인장의 '사심'과 먹고사는 것에 대한 '강박'은 사라졌다. 그리고 그 자리에 뭘 해도 잘 될 것 같은 묵직한 '자신감'이 들어앉게 된다. 문득 영화 '바그다드 카페'가 생각났다고 했다. 황량한 사막 한가운데 자리 잡은 초라한 '바그다드 카페'. 그 카페에 마법처럼 기적이 일어났듯 석사동 그 작은 골목에 자리 잡은 작은 카페가 들썩이기 시작했기 때문이다. 테이블 서너 개로는 찾아오는 손님을 감당할 수 없어 결국 확장까지 생각하게 됐다. 마침 바로 옆 가게가 문을 닫아 그 가게와 접한 벽 일부를 트고 한쪽에 아치형으로 공간을 뚫었더니 제법 근사한 공간이 완성됐다. 남들 다 문을 닫는 코로나 시대에 확장이라니!

> "지금 생각해보면 문화재단 김상아 담당자가 도시가 살롱 사업을
> 설명하기 위해 포스터와 리플렛을 들고 가게를 찾아왔을 때부터
> 제 행복이 시작된 것 같아요."

어차피 사람이 하는 일, 걱정은 넣어둬

가장 반응이 뜨거웠던 것은 세 번째 커뮤니티 '나도 DJ, 나의 플레이리스트'였다. 참가자가 직접 뮤직박스 안으로 들어가 헤드폰을 쓰고 내가 선곡해온 곡을 사연과 함께 들려주는 프로그램이었다. 평소 라디오를 좋아하고 라디오 DJ에 대한 로망을 가지고 있었는데 이 커뮤니티에 참여해서 그 로망을 이루었다는 참가자 전은실 씨는 이 공간 덕분에 춘천의 봄을 만끽할 수 있었다는 소감을 들려줬다. 네 번째 커뮤니티는 'DJ에게: 사연 담은 음악편지, 예쁜 엽서 전시회'였다. 정말 별의별 사연이 다 있었다. 애환 없는 사람이 없다는 것을 느낄 수 있는 시간이었다. 지금도 화양연화커피에 가면 그 엽서들이 전시되어 있다.

네 번의 커뮤니티가 끝난 지금 주인장에게 이곳은 더 이상 먹고사는 문제가 우선되어야 하는 강박과 두려움의 대상이 아니다. 어떤 상황에서도 조급해지 않게 됐고 그때그때 상황에 대처할 수 있는 자신감이 생겼기 때문이다. '어차피 사람이 하는 일인데 문제 될 게 뭐 있나?' 하는 생각을 하면 여유로워진다고 했다. 그래서 요즘은 시간에 얽매이지 않고 좋아하는 공연이나 행사에 참여하며 자신만의 시간을 많이 만들려고 한다. 그래서 "잠시 외출 중입니다. 몇 시에 돌아옵니다"라는 문 앞의 메모가 잦아졌다. 하지만 덜 미안해졌다.

> "이제 저는 잠시 빠지고 누구라도 편하게 이 공간을 대관해서
> 자신만의 아이템으로 커뮤니티를 운영할 수 있게
> 도와주고 싶습니다.
> 지역의 시인, 문인, 회화작가들을 초대해 작품 이야기를 듣고
> 함께 공감하는 시간도 나누고 싶고요."

인생에서 가장 아름답고 행복했던 순간인 '화양연화'가 이곳 주인장에게는 계속 갱신되는 것 같다. 그의 화양연화에 그와 함께하는 모든 이들이 더불어 빛나기를 바란다.

'팝음악 이야기와 팝송영어 배우기'의 이경애 강사

'화양연화커피' 최대식 주인장

음악감상 중인 모임원들

주인장끼리 만나서 뭐 하나요?

공간 주인장으로 사는 건 고달프다.
일주일에 하루 쉬면 은행이나 병원 가기 바쁘고,
자기계발을 위한 시간은 꿈도 꿀 수 없다.

'주인장도 한 번쯤 내 일터를 벗어나 다른 이들과
교류하고 싶다'
'다른 도시가 살롱에 참여해보고 싶다'
'주인장으로 성장하고 싶다'
'다른 주인장들과 고민을 나누고 싶다'
'지속가능한 도시가 살롱을 위해 함께 고민하고 싶다'

이러한 주인장의 욕망과 고민을 바탕으로 주인장
모임이 결성됐다. 도시가 살롱 운영 첫해인 2020
년과 2021년에는 기수별로 운영되었고, 2022년부
터는 기수와 관계없이 도시가 살롱에 참여했던 주
인장이라면 누구든 나올 수 있다. 만남의 횟수가
늘어난 만큼 다양한 논의가 펼쳐진다. 도시가 살롱
을 브랜드로 구축하는 방법, 지원이 없어도 도시가
살롱을 지속하는 방법을 위해 함께 머리를 모으는
날도 있다.

비록 공간을 운영하는 주인장들이기에 주로 이른
아침에 모여야 했지만, 같이 목표를 이뤄나가는 일
은 도시의 행복을 조금씩 일궈나가는 일이다.

2020년
주인장 모임 1기

6. 25
아르숲
생활문화센터

· 사업취지와
  향후일정 안내

7. 16
교토정원

· 교토정원 주인장의
  관심사(칵테일) 공유
· 주인장들의 살롱 이야기
· 주인장 워크숍 주제 논의

8. 12
오늘산책

· 오늘산책 주인장의 리드 하에
  주인장 마피아 게임 진행
· 주인장들의 살롱 이야기

7. 30
있는그대로

· 주인장 워크숍 진행
- 강의주제 : 디자인씽킹
- 강사 : 오상진 (서울과학
  종합대학원 교수)

2020년
주인장 모임 2기

9. 7
아르숲
생활문화센터

· 사업취지와
  향후일정 안내

10. 7
애니메이션박물
관 일대 잔디밭,
위드블라썸

· 주인장 워크숍 진행
- 강의주제 : 움직임워크숍
- 강사 : 김동일 (현대무용가)
· 위드블라썸 주인장의 관심사
  (메리골드 꽃차) 공유

9. 23
클럽줄루

· 클럽줄루 주인장의
  관심사(그림) 공유
· 주인장들의 살롱 이야기
· 주인장 워크숍 주제 논의

10. 21
화양연화커피

· 서로의 인생음악 공유
· 주인장들의 살롱 이야기

2021년
주인장 모임 1기

3.5
아르숲
생활문화센터

· 사업취지와 향후일정 안내

4.15
아르숲
생활문화센터

· 주인장 워크숍 진행
- 강의주제: 커뮤니티를 운영하면서
  경험한 솔직한 이야기
- 강사: 우동진(생각하는 바다/커뮤
  니티 매니저)

8.19
갤러리동무

· 갤러리동무 주인장의 관심사(음악) 공유
· 주인장들의 살롱 이야기
· 이상적인 주인장 모임 운영을 위한
  의견 교류

8.5
원테이블
요싸롱

· 원테이블 요싸롱 주인장의 관심사
  (아날로그 음악) 공유
· 주인장들의 살롱 이야기

2021년
주인장 모임 3기

9.7
아르숲
생활문화센터

· 사업취지와 향후일정 안내

10.19
러블리숑숑

· 러블리숑숑 주인장의
  관심사(디저트) 공유
· 주인장들의 살롱 이야기

5. 3
고양이책방
파피루스

· 주인장 워크숍 진행
- 강의주제: 만남과 연결 그리고 축제,
  그 사이사이 숨어있는 양천구 이야기
- 강사: 유다원(플러스마이너스1도씨/대표)

5. 20
카페키리엘

· 주인장들의 살롱 이야기
· 커뮤니티 운영의 지속가능성 논의

2021년
주인장 모임 2기

7. 15
시골하루

· 시골하루 주인장의
  관심사(농촌라이프) 공유
· 주인장들의 살롱이야기

5. 14
아르숲
생활문화센터

· 사업취지와 향후일정 안내

11. 10
담후

· 담후 주인장의 관심사(중국차) 공유
· 주인장들의 살롱이야기

11. 23
고양이책방
파피루스

· 파피루스 주인장의
  관심사(길고양이 이슈) 공유
· 주인장들의 살롱 이야기
· 시그널 페스티벌 안내

2022년

3. 14
화양연화커피
· 2022 도시가 살롱 사업계획과
  주인장 모임 운영방안 논의

4. 11
열한시십구분
· 열한시십구분 주인장의
  관심사인 칵테일 공유
· 소모임(아카이빙, 연구,
  홍보브랜딩) 논의내용 공유

11.28
아보카도
· 아보카도 주인장의
  공간운영 이야기
· <도시가 살롱>,
  <시그널 페스티벌>
  활동소감 공유

10. 24
책방있는
그대로
· 있는그대로 주인장의
  공간운영 이야기
· <2022 시그널 페스티벌>
  진행사항 안내

9. 26
카페꽃마중
· 카페꽃마중 주인장의
  공간 및 살롱 이야기
· '오늘은 여행자 살롱'
  9월 활동내용 공유
· <도시가 살롱> 3기 신규
  주인장 소개 및 네트워킹

2022년 주인장들과의 협력 사업

아카이빙	**4회**	사업추진 3년간의 이야기를 담은 아카이빙 북 제작 및 출판
연구	**5회**	커뮤니티 운영의 지속성 고민, 커뮤니티 비즈니스 모델 논의
홍보/브랜딩	**8회**	BI 개발 및 공간현판 제작을 통해 브랜드 인지도 확산

5. 16
봉의산가는길

· 봉의산가는길 주인장의 공간운영
  이야기
· 소모임(아카이빙, 연구, 홍보브랜
  딩) 논의내용 공유

6. 20
마음놀이터&
맘청

· 마음놀이터&맘청 주인장의
  공간운영 이야기
· <도시가 살롱> 공동프로젝트
  '오늘은 여행자 살롱' 추진 사항 공유
· 소모임(아카이빙, 연구, 홍보브랜딩)
  논의내용 공유

8. 22
클랑포레스트

· 클랑포레스트 주인장의
  공간운영 이야기
· 소모임(아카이빙, 연구,
  홍보브랜딩) 논의내용 공유

7. 18
도자기공방
사이

· 도자기공방 사이 주인장의
  공간운영 이야기
· <도시가 살롱> 공동프로젝트
  '오늘은 여행자 살롱' 및 '주인장
  역량강화 워크숍' 프로그램 안내
· 소모임(아카이빙, 연구, 홍보브랜딩)
  논의내용 공유

Chaper 03.
도시가 살롱과 함께한 사람들

글쓴이 | 김연주

낮에는 서울에서 기업 홍보물을 기획하고
제작하는 일을 한다. 밤에는 춘천에서 아이를
키우고 사람을 만나고 가끔 글을 쓴다.
그렇게 춘천살이 12년 차. 춘천은 두 아이를
키워주었고, 두 번째 고향이 되어주었다.
친구와 동료, 고마운 이들도 이어주었다. 오늘
이렇게 춘천을 이야기할 수 있어서 행복하다.

나의 가치를 찾고
우리의 가능성을 확인했던 시간

소양하다 '쓸;데 있는 쓸;얘기들' 윤한 주인장(소양하니)
'토요일의 시소' 백낙원 주인장(소양시바)

문학을 매개로 춘천의 다양한 콘텐츠를 풀어내며, 사람과 지역의
연결을 통해 또 다른 콘텐츠를 만들어 내는 곳, '소양하다' 카페 &
라이브러리. 이곳에서는 소설 쓰는 기획자 '소양하니' 윤한 주인장과
시 쓰는 바리스타 '소양시바' 백낙원 주인장이 각각 창작 커뮤니티를
진행했다. 도시가 살롱 커뮤니티를 계기로 단단한 원동력을 얻었고,
한 발 더 깊이 있는 발걸음을 옮기고 있다는 두 주인장을 만나봤다.

연주 커뮤니티 플랫폼을 지향하는 '소양하다'의 브랜드 철학은 도시가 살롱과 그 결을 같이 하는 것 같습니다. '소양하다'가 추구하는 커뮤니티는 어떤 모습인가요?

소양하니 저는 U턴족*이고 소양시바님은 I턴족**이예요. 그러다 보니 우리는 지역 내에서 계속 나고 자란 사람들끼리만 어울리는 게 아니라, 나갔다 돌아온 사람 혹은 새로 이주한 사람도 어우러질 수 있는 커뮤니티를 줄곧 생각했습니다. 여기에 단순히 마시고 노는 형태가 아닌, 취향을 기반으로 해서 모일 수 있다면 좀 더 질적으로 의미 있는 관계가 될 거라 기대를 갖게 되었어요.

소양시바 그런 것들 안에서 저희가 잘 풀어낼 수 있는 게 글이라는 소재이다 보니, 창작에 다른 콘텐츠들을 붙여넣기 시작했습니다. 술이 붙기도 하고 때론 사진, 음악, 영화 혹은 다른 지역에서 활동했던 다양한 경험까지 붙여서 확장해 나가고 있습니다.

연주 그렇다면 도시가 살롱은 소양하다의 커뮤니티에 어떤 형태가 확장된 결과인가요?

소양하니 30대 초반의 구성원들인 저희는 주로 인스타그램으로 소통을 합니다. 그러다 보니 커뮤니티를 함께할 분을 찾는 과정에서 아무래도 젊은 층 위주로 집중하게 됩니다. 하지만 이번 도시가 살롱을 통해서는 문화도시 춘천의 별도 홍보가 더해지면서 좀 더 다양한 시민들과의 접점이 마련되었어요. 그간 저희의 활동과는 무관했던 영역, 예를 들어 만약 40~50대 연령층과 창작 커뮤니티를 함께했을 때 그 결과는 과연 만족스러울까 하는 의문이 있었어요. 이런 부분에 대해서는 저희도 궁금하고, 최소한 파일럿 운영이 필요할 거다 생각했거든요. 덕분에 그런 시도를 해 볼 수 있었고 좀 더 다양한 많은 시민과 같이 프로젝트를 진행하고 협업할 수 있었어요.

---

* U턴족 : 로컬에서 태어난 사람이 학교나 일 때문에 도시로 떠났다가 다시 고향으로 돌아옴
** I턴족 : 주로 대도시에 살던 외지인이 아무 연고 없는 로컬을 찾는 경우

연주 그렇게 해서 소설 쓰는 커뮤니티가 결성되었군요.

소양하니 네, 지역의 이야기를 미니 픽션으로 완성하는 뜨거운 창작시간이 8주에 걸쳐 진행되었습니다. 문예창작을 전공하기는 했지만 저 또한 그 어디에서도 작법에 대해 배운 적이 없어요. 그래서 재밌게 창작하는 방법에 대해 같이 고민하고 이야기를 나누고 싶었습니다. 만약 누군가가 창작에 대해 헤맨다면, 제가 아는 방식이 전부 옳은 건 아니겠지만, 적어도 그에게 "이런 길도 있다"라고 힌트도 주고 싶었고, 그 방법에 대해 오랫동안 고민해 왔는데, 그 첫 시도가 이번 도시가 살롱이었습니다.

연주 재밌게 창작하는 방법이라… 궁금한데요.

소양하니 MBTI 테스트를 통해 알아보는 '나'의 성향과 '캐릭터 구축' 팁. 그리고 스토리 카드와 게임을 통해 '서사 만들기'에 한 걸음 더 다가가죠. 우리 동네 사진과 키워드를 중심으로 만드는 '배경, Setting'도 흥미롭습니다. 이밖에도 평소 나의 언어습관에 옷을 입혀보는 '문체 만들기', 하고 싶은 이야기의 얼개를 짜는 '시놉시스 만들기', 그리고 마지막으로 진행된 '쓸쓸한 낭독회'까지, 재미가 주렁주렁 달렸죠.

연주 소설의 긴 호흡이 부담스럽기도 했을 텐데요.

소양하니 평소 일기나 에세이 형태의 글은 써봤는데 이런 픽션 형태는 처음이다 보니 막연하고 어려워하긴 했어요. 하지만 처음에만 그랬지 나중에는 다들 재미있어했어요. 제가 창작할 때 '쪼개서' 쓰는 편인데, 그런 제 방식을 조금 편하게 풀어서 진행하니까 다들 어렵지 않게 따라왔어요. 마지막에는 각자 완성한 소설을 편지 형식으로 프린트해 봉투에 담아 '봉투소설'로 출간도 했습니다. 표지에 작가 본인의 얼굴도 직접 그려 넣고, 스스로 금액을 매겨서 춘천문화재단 북페어에 참여해 팔기도 했답니다.

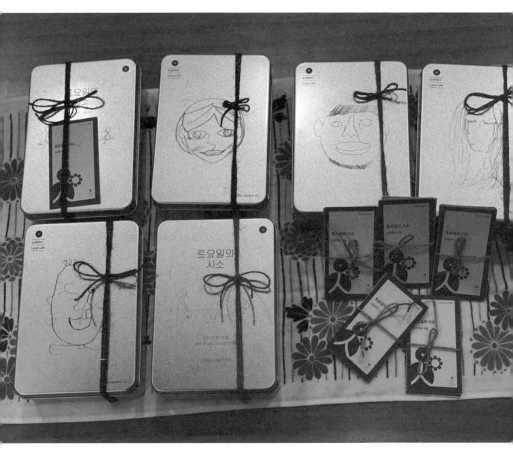

'토요일의 시소' 참여자들이 만든 카드시집

연주 그렇게 소설이 마무리되고 시가 시작된 거군요.

소양시바 네. 2021년 도시가 살롱 3기 시 창작 모임을 토요일 오후에 모여 진행했죠. '나'를 주제로 다양한 감정과 장르를 엮어서 이야기를 나눴어요. 시와 음악, 시와 커피, 시와 사진, 시와 그림 등 매주 그날의 주제가 있었답니다. 주제와 관련해 자신이 좋아하는 것을 선정하고 서로서로 대화를 나눴어요. '나'에 관한 각자의 이야기는 곧 다양한 주제로 파생되기 시작했습니다. 가족, 상처, 미래, 해방감 등등. 우리는 서로의 이야기에 귀 기울이며 기쁨, 슬픔, 아픔, 그리움, 공허함 같은 다양한 감정에 공감했습니다.

연주 시 창작 또한 시만 쓴 건 아니었군요.

소양시바 평소 남 앞에서 하지 않았던 이야기들이 있잖아요. 마음속에 담아두었던. 그런 걸 하나하나 풀어나가면서 저를 비롯해 참여자 간에 유대감도 생겼고, 서로가 서로에게 위로가 되어주기도 했어요. 이러한 감정들을 곱씹으며 창작 활동으로 이어가니 참여자들이 더 진지하고 진솔한 시를 창작할 수 있게 된 것 같아요. 마지막엔 자신들의 시를 카드 명함 형태의 시집으로 출간하기도 했죠.

연주 와~ 토요일 오후면 다들 금쪽같은 시간을 쓴 거네요.

소양시바 하하. 맞아요. 저희가 처음 기획할 때는 토요일 오후면 그래도 좀 한가하겠거니 했는데, 나중에 보니 모두에게 정말 귀중한 시간이더라고요. 그만큼 참여해 주신 모든 분이 진심이셨어요.

연주 커뮤니티를 직접 만들고 운영한 두 주인장이지만, 정작 본인들도 이 커뮤니티 안에서 또 다른 성장을 맛봤을 것 같아요.

소양하니　마지막 낭독회 시간이 아직도 기억에 남아요. 끝나고 돌아오는 차에서 왈칵 눈물이 터진 거예요. 그간 다양한 커뮤니티를 운영해봤지만, 8주차로 이렇게 호흡이 길게 갔던 적은 없거든요. 긴 시간 완주를 해낸 것에 대한 뿌듯함이 컸나 봐요. 그리고 무엇보다 새로운 '가능성'을 봤던 것 같아요. 창작이라는 영역을 이렇게 많은 사람들과 함께 재밌게 할 수 있을 거라는 기대는 전혀 못했거든요. 그건 프로그램에 대한 가능성이기도 했고, 각각의 멤버들에게 의미가 되었을 문학의 가능성 그리고 퍼실리테이터로서 저의 가능성이기도 했어요.

소양시바　저는 사실 모임을 진행하면서도 저의 얄팍한 지식으로 잘못된 방향을 제시하는 게 아닐까 하는 스스로에 대한 불신이 있었습니다. 하지만 제 얘기를 경청해주시고, 저의 방법을 받아들이면서 좋은 변화를 보여주시고, 급기야는 고마움을 표하시는 참여자들을 대하면서 저 또한 누군가에게 도움을 줄 수 있는 사람이라는 걸 깨달았습니다. 저 스스로의 가치에 대해 다시 생각하게 되었죠. 또한 다양한 연령대의 분들, 그들의 다양한 경험, 그러한 인생의 깊이에 공감하면서 저도 좀 많이 열리는 느낌을 받았습니다. 제 글에만 갇혀 지내고 있었구나 싶을 만큼.

연주　'소양하다'가 앞으로 만들어갈 커뮤니티가 궁금해지네요.

소양하니　참여자들의 결과물을 모아 아카이빙 형태로 정리해야겠다는 계획을 세웠어요. 그러기 위해서라도 직접 제본을 해본다든가 하는 체험을 가미해보는 것도 재미있을 거 같아요. 이번에 함께한 참여자 분들과 다음 프로그램을 다시 기획해 보고 싶고, 나아가 전문적으로 등단이나 투고를 고려하시는 분들 대상으로 더 깊이 있는 커뮤니티도 도전해보고 싶습니다.

소양시바　기존에 일회성으로 진행하던 프로그램이 도시가 살롱이라는 좋은 기회를 통해 과감하게 장기적으로 재구성되었어요. 그런 가운데 창작을 진행해 볼 수 있어서 저에게도 큰 공부가 된 시간이었습니다. 반면 장기적인 호흡을 가져가기 위해 저의 내공이 더 필요함도 느꼈습니다. 준비를 더 잘해서 더 깊이 있는 프로그램으로 찾아뵙겠습니다.

'쓸:데 있는 쓸:얘기들'

아는 만큼 더 달콤한
디저트의 세계,
그 달콤함 속에 털어놓는
우리들의 이야기

러블리숑숑 '디저트 살롱' 최성일 주인장 부부

젊음의 감성과 힙한 문화가 공존하는 이태원. 실력 있는 파티세가
운영하는 디저트 매장이 이태원의 트렌드로 자리를 잡을 즈음
'러블리슈슈'도 그 대열에 합류했다. 뜨거운 반응 속에 당당히
핫플레이스로 이름을 날리던 '러블리슈슈'은 빠르게 변화하는 환경
속에서 새 길을 모색했다. 그리고 이태원을 떠나 주인장의 고향인
춘천에서 다시 새로운 이야기를 써 내려가게 된다.

'러블리슈슈'이 선보이는 달콤한 세상, 그 안에 도시가 살롱의 따뜻한
커뮤니티가 첨가되어 한층 더 풍미를 더해가고 있다.

연주 이태원과 춘천, 아무래도 두 지역은 차이가 많을 것 같아요.

주인장 카페 주인장으로서 가장 체감이 큰 부분은 손님들의 성향입니다. 춘천의 손님들은 대부분 주인장과 다양하게 커뮤니케이션 하는 걸 좋아하셨어요. 제품을 고를 때도 가능하면 주인장한테 물어보고 의견을 구하고, 그렇게 이야기하는 걸 많이 선호하는 편이더라고요. 가끔은 친한 사이가 아님에도 불구하고 아주 개인적인 이야기가 어느 순간 '훅' 들어올 때도 있고요.

연주 하하. 순간 '훅' 들어오는 것, 너무 공감 가는데요. 이제 좀 적응이 되셨나요?

주인장 요즘 저희 카페의 SNS 후기를 보면 '주인장이 친절해요'라는 댓글이 꽤 많아요. 그 글을 읽고 저에겐 슬며시 미소가 번지곤 하죠. 서울에 있을 때는 '주인장이 친절하다'는 칭찬에 별다른 감흥이 없었어요. 왜냐하면 고객이 어느 상점을 찾을 때는 주인의 친절함 때문이기보다는 그곳에서 자신이 원하는 무언가를 얻으려고 가는 게 크잖아요. 그런데 여기는 그 무언가에 대한 내용보다는 '친절해요'라는 반응이 단연코 앞서버리니까 처음에는 낯설고 적응하기 힘들었던 것 같아요.

연주 도시가 살롱에 관심을 갖게 된 이유도 그와 연관이 될 것 같은데요.

주인장 네. 제가 춘천 출신이기는 하지만 친구들은 다 타지에 있고, 파티셰인 아내에게 춘천은 완전히 낯선 곳이다 보니 우리도 우리만의 커뮤니티가 필요했던 것 같아요. 그때 도시가 살롱 프로그램을 접했고, 어쩌면 '우리가 필요로 하고 부족한 부분을 여기서 채울 수 있겠구나' 싶어 호기심 반 설렘 반으로 시작하게 되었습니다.

연주 카페 운영을 하시다가 갑작스레 커뮤니티 기획을 한다는 게 힘들진 않았나요?

　　주인장 스트레스를 받으면 제일 먼저 생각나는 게 '달다구리 디저트'죠. 그 달다구리의 매력을 믿었습니다. 맛과 풍미를 넘어 디저트 본연의 스토리가 우리를 힐링시켜 줄 것이라고 말이죠. 먹방 예능 프로그램에서 맛 칼럼니스트나 전문가들이 음식에 대한 전문적인 지식을 재밌게 풀어내는 것처럼, 우리가 가진 디저트에 대한 정보와 생각을 함께 나누다 보면 일상 속에 또 다른 달콤함을 채울 수 있을 거라 생각했어요.

연주 베이킹에 대한 전문적인 얘기들, 저도 궁금하네요.

　　주인장 보통은 디저트를 먹게 되면 "예쁘다", "맛있다"로 끝나잖아요. 그런데 우리 모임에서는 깊이 있게 들어가죠. "케이크 빵 시트를 우리는 '제누와즈'라고 불러요"라고 파티셰가 한마디 하면 참가자들은 눈을 반짝여요. '제누와즈'라는 새로운 정보는 그들이 몰랐던 신세계니까요. 또한 "생크림은 크게 우유 생크림과 휘핑크림으로 나뉘는데 '러블리숑숑'에서는 우유 생크림만을 사용합니다"하면 다들 그 이유를 무척 궁금해하죠. 그럼 또 설명을 덧붙입니다. "우유 생크림이 훨씬 건강하고 담백한 재료지만, 보존성이 많이 떨어지고 모양을 유지하는 세팅력이 좋지 않아서 다소 단순하고 내추럴한 모습을 추구할 수밖에 없어요. 하지만 시중에서 보게 되는 유독 예쁘고 화려한 케이크들은 그 세팅력 보강을 위해 자꾸 무언가를 첨가할 수밖에 없는 상황이 생깁니다" 하고요.

연주 와~ 완벽한 '디저트 미식회'네요.

　　주인장 하하. 맞아요. 이렇게 이야기를 나누다 보면 우리가 여태까지 먹었던 그 디저트가 진심으로 달라 보이기 시작하죠.

연주 아는 만큼 보인다고, 아는 만큼 더 맛있어지는 시간이겠네요.

'디저트 살롱'에서 모임원들과 만든 타르트

'디저트 살롱'

주인장 네. 첫 회 차에는 '구운 과자', 다음은 '케이크', 마지막으로 '타르트 만들기' 이렇게 3개의 주제로 진행이 되었습니다. 타르트 만들기 같은 경우는 직접 실습이 병행되어 함께 만들고 나눠 먹었죠.

◇───────── #힐링 커뮤니티 ─────────◇

연주 커뮤니티는 어떤 방향으로 진행되었나요?

주인장 보통은 퍼실리테이터가 한 명이지만 저희는 저와 파티셰, 이렇게 두 명이서 가능한 참여자들이 많은 이야기를 할 수 있도록 도왔습니다. 종종 파티셰의 이야기가 너무 길다 싶으면 가벼운 농담으로 한 템포 끊고 분위기를 환기시켰어요. 그러고는 중간 중간 재밌는 비하인드 스토리를 풀어내기도 하고, 저와 파티셰가 디저트에 대한 서로 다른 생각을 콩트처럼 갑론을박하면서 유쾌한 분위기를 이어나갔습니다.

연주 처음 만난 사람들끼리도 자연스럽게 대화가 이어지던가요?

주인장 저도 그 부분이 정말 신기했어요. 처음 본 사람들끼리 디저트라는 하나의 주제로 이렇게 스스럼없이 친해질 수 있다는 게. 그게 바로 디저트의 매력인거죠. 아니, 도시가 살롱의 매력인 건가? 아무튼 함께 다양한 디저트를 시식하면서 서로의 상황을 공감해주고, 피식피식 웃음을 맘껏 나누며 참으로 수다스러운 힐링 커뮤니티를 이어나갔습니다. 패널들의 쌓인 스트레스를 맛있게 날려버리는 시간이었죠.

연주 좋네요. 디저트와 도시가 살롱의 콜라보레이션이라….

주인장 하하 맞아요. 누군가는 이곳에서 자신의 삶을 위로 받고 다시 삶을 이어가고, 또 누군가는 그것에 공감하고 응원하며 더 풍요로운 자신의 삶을 채워가죠. 이러한 사람과 사람의 관계를 이어주는 공간이 제가 이번에 경험한 도시가 살롱이었습니다.

연주 도시가 살롱을 통해 주인장님들의 일상에도 적잖은 변화가 생겼을 것 같아요.

주인장 도시가 살롱은 평범했던 저희 라이프 스타일에 약간의 일탈이 가미된 재미있는 경험이었어요. 고객들 가까이서 그분들 하나하나에 대해 알아가는 기회이기도 했습니다. 그래서 손님 한분 한분이 너무 귀하게 다가왔죠. 이후로는 저희 매장을 찾아오시는 다른 손님들에 대한 심리적인 거리감도 많이 좁혀진 것 같아요.

연주 주인장으로서 느끼는 도시가 살롱의 가장 큰 메리트는 무엇이었나요?

주인장 도시가 살롱을 포함해 문화도시 춘천의 문화 콘텐츠 사업들은 일반 시민들이 흔히들 체감하고 있는 예술의 장벽을 허물고, 생활 속에 녹아나도록 진행되고 있어서 참 좋습니다. 일반적으로 '예술'하면 여유 있는 사람들만의 향유라고 느껴질 때가 많죠. 내 삶의 영역에서 '예술'은 너무 멀리 떨어져 있는 거라 생각하기 쉬운데, 생활 속의 문화는 누구든 내 삶 속에 충분히 녹여낼 수 있어요.

연주 맞아요. 많은 분들이 이런 생활 속 문화를 즐겼으면 좋겠어요.

주인장 '러블리송송'이 위치한 칠전동 골목은 밤이 되면 모든 곳이 깜깜해져요. 우리는 늦은 시간까지 따뜻한 불을 밝히고 있는 몇 안 되는 곳 중에 하나죠. 동네 주민들께도 바랍니다. 늦은 저녁 산책을 나왔다가 불 밝혀진 카페에서 진행되는 작은 소모임에 이끌려 자연스럽게 문을 열고 들어와 동참을 해주기를. 반복되는 생활 속에서 또 다른 문화생활을 통해 그분들도 작은 일탈을 누릴 수 있지 않을까요?

연주 깜깜한 골목을 밝히는 달콤한 커뮤니티가 되겠어요.

주인장 '안정적이고 반복적인 무난한 삶, 하지만 그게 하나의 틀이 되고 시스템이 돼서 굳어져 버린 삶은 너무 심심하잖아요. 도시가 살롱은 그런 안정적인 시스템을 허물지 않는 선에서 새로운 것을 경험하고 맛볼 수 있도록 할 겁니다. 힐링을 위해 무조건 먼 타 도시로, 먼 나라로 여행을 가야 하는 건 아닙니다. 이런 소소한 일탈 속에서 삶의 에너지를 좀 더 북돋워주는 엔돌핀 같은 그런 역할을 도시가 살롱이 하고 있다고 생각해서 저는 기대를 많이 합니다.

연주 그래서인가요? 도시가 살롱의 적극적인 전도사라고 들었어요.

주인장 도시에서 보게 되는 낯선 시선들이 이제는 소중함으로 다가오고 있습니다. 서울에서의 삶에 이런 기회가 얼마나 있었을까요? 춘천이기에 가능한 특별함을 주변에게 전하게 됩니다. 다른 공간 주인장들에게 도시가 살롱 참여를 독려하는 전도사가 된 지도 벌써 1년이 되었네요. 도시가 살롱이 춘천의 도시 문화를 이야기하는 하나의 상징으로 무럭무럭 자라나길 바라고, 다들 함께하는 삶이 되었으면 하는 바람에서죠.

깊이 있는 문화로
내적 역량을 키우는
꽤 근사하고 고급스러운 도전

공유책방 본책 '술북술북 낭독회' 박제현 주인장

책을 판매하는 곳이 아닌, 내가 좋아하는 책을 공유 서재에 꽂아
두고 함께 나누는 공간 '공유책방 본책'. 그곳에서는 쌓인 책만큼
깊이 있는 커뮤니티가 펼쳐지고 있다. 박제현 주인장은 이 시대
'어른이'들인 50대 전후 연령대를 위한 문화활동과 커뮤니티 모임에
주력하면서, 사람이 중심이 되고 사람이 성장하는 공간을 꿈꾼다.
그의 철학과 열정이 오롯이 전해지는 커뮤니티는 그래서 지금
이 순간에도 무럭무럭 성장한다.

연주 도시가 살롱을 통해 커뮤니티를 만들고자 한 특별한 계기가 있을까요?

　주인장 지난해 코로나로 인해 저는 결국 서울에서 하던 사업을 접게 되었어요. 굉장한 상실감과 앞으로의 고민을 안고 25년 만에 무작정 고향인 춘천으로 내려왔습니다. 그런데도 쉽게 안정이 안 되고, 너무 낯설더군요. 떠나온 공백이 그만큼 컸으니까요.

연주 코로나 발 상실감은 많은 사람을 참 힘들게 했지요.

　주인장 낮에는 어쨌든 이 핑계 저 핑계로 사람들을 만나고 다닌다고 해도 저녁 시간까지 매일 누군가를 만나 함께하기가 좀 그랬죠. 그렇다고 일찍 집에 들어가기에도 힘들었어요. 저녁상을 차리는 노모를 보는 게 마음이 편치가 않더군요. 그렇게 집에도 못 가고, 다시 돌아온 춘천에 적응하기까지 정말 많이 외로웠어요. 그러던 중 우연히 김유정문학촌 인근의 '실레책방' 모임에 참석하게 되었고, 결국 '김유정 책읽기 모임'에 합류하는 것으로 이어졌어요. 도시가 살롱 프로그램을 처음 맛본 순간이었죠.

연주 아, '실레책방'이야말로 2020년 도시가 살롱 시작 때부터 함께 해주셨죠.

　주인장 네. 그곳에서 깊은 공부와 토론을 하면서 차차 제가 안정되어 가고 있다는 걸 느꼈죠. 그런 어느 날, '실레책방'에 앉아서 서산으로 지는 해를 보고 있었어요. 그때 처음으로 '내가 고향에 잘 돌아왔구나'하는 생각이 문득 스쳤어요. 소박하고 편안한 책방의 분위기, 그리고 그때 함께했던 김유정의 소설들이 저에게 많은 위로와 치유가 된 것 같아요. 문화적인 소양이 높아지면서 내 자신의 내적인 역량도 정신적인 자세도 보다 단단해지고 있음을 느낄 수 있었죠.

연주 직접 그런 경험을 했으니 내가 받은 치유를 다시 또 다른 누군가에게 전하고 싶었을 것 같아요.

　주인장 딱 그랬어요. 우리 책방에서도 서로에게 치유가 될 수 있는 커뮤니티를 진행해보고 싶었던 거죠.

연주 '술북술북 낭독회'는 어떤 모임인가요?

주인장 '책을 술술 읽는다'는 뜻도 있고, '술 반 책 반'이라는 의미도 담겨있습니다. 한마디로 정의하자면, 책을 읽기 싫어하는 독서모임입니다.

연주 책 읽기를 싫어하는 독서모임이라… 재미있네요.

주인장 지난해 춘천시문화재단에서 진행한 '전환의 50+, 낭만 오벤져스' 모임의 연장으로 독서모임을 계획하면서 도시가 살롱을 접목해봤습니다. 그런데 모이고 보니 어떻게든 책과 함께 하고 싶은데, 독서토론 형식에는 다들 어려움과 부담을 가지는 듯했어요. 그래서 "그럼 책을 미리 읽어오지 말고 함께 읽읍시다"하고 방향을 살짝 바꿨죠. 책을 싫어해도 얼마든지 독서모임을 할 수 있다는 그런 발상! 함께 모여 시 낭송도 하고 짧은 글을 낭독하기도 했죠.

'술북술북 낭독극' 홍보물

연주　신선한 아이디어네요. 책을 읽어야만 한다는 부담에서 자유로워지는.

　　　주인장　맞아요. 참석에 대한 부담을 내려놓고 함께 방향성을 결정하고, 피교육
　　　자가 아닌 스스로 모임의 주인이 되자고 했죠. 곧바로 '자발적인 참여'로 이어
　　　졌고, 이것은 모임원들이 스스로 이 모임을 유지시킬 수 있는 힘이 되었다고 봅
　　　니다. 한 참석자는 처음에는 주어진 시간에 참여만 하고는 일체 다른 진행을 거
　　　절하셨죠. 그런데 '술북술북 낭독극'을 준비하는 동안 점점 적극적으로 개입하
　　　시더군요. 그러더니 추가 연습을 제안하고, 이런저런 발표회 아이디어까지 냈
　　　습니다. 그 누구보다 기쁘게 적극적으로 행사를 준비하고 즐거워하신 그 분이
　　　기억에 남아요. 이후 SNS 후기에도 제일 진심이셨지요.

연주　낭독극까지 술술 진행을 하신 거군요. 다들 멋지시네요!

　　　주인장　"이참에 낭독극도 한번 해 봅시다"하고 미션을 세웠죠. 그러자 일주일
　　　에 한 번 만나던 모임이었는데, 나중에는 주 3회씩이나 모여서 낭독 연습을 하
　　　고 있더라고요. 낭독회를 위해 우리는 별도의 장소를 대여했습니다. 모임원들
　　　이 마이크에 음향 시스템도 직접 준비했고 지인들과 책방 회원들을 초대했어
　　　요. 우리끼리만 즐기다가 손님까지 모시고 우리의 끼를 마음껏 보여주었습니
　　　다. 김유정의 '금 따는 콩밭', '소낙비', '봄봄' 이 세 작품을 낭독했는데, 분위기
　　　나 관객들 반응까지 다 좋았답니다.

연주 이후 '공유책방 본책'에서는 커뮤니티를 어떻게 진행하고 있나요?

주인장 아, 안타깝게도 이번 2022년 3기 도시가 살롱에는 함께할 수 없게 되었네요. 하하. 하지만 도시가 살롱과는 별개로 저희는 저희만의 커뮤니티가 계속 지속될 것이기 때문에 개의치 않고 순리대로 흘러가고 있습니다.

연주 그럼 '술북술북 낭독회'는 계속 유지되고 있나요?

주인장 '술북술북 낭독회' 이후 김유정 소설에 대한 관심이 깊어져서 좀 더 심화된 모임을 결성했어요. 김유정 소설은 1920년대에 나온 작품이라 원작은 읽기가 좀 어려워요. 여러 작가들이 편역한 것들을 접하고 있죠. 그래서 "우리 시민들도 함께 모여 스스로 윤문을 해 보자"고 했고, 매주 화요일 저녁에 '김유정 책 만들기 모임'을 진행하고 있습니다. 지금 두 편 편역했고, 직접 책을 한번 내보자는 계획 아래 차근차근 진행 중입니다. 또한 낭독모임은 '고전읽기 모임'으로 발전되었죠. 지금은 『파우스트』를 읽고 있습니다. 또 '차상찬 책 만들기 모임'도 준비 중이죠.

연주 차상찬? 낯선 인물인데, 정확히 어떤 분인가요?

주인장 아마 그럴 거예요. 저도 학교 다닐 때 김유정 선생이 춘천 분이란 걸 몰랐으니까요. 지역의 여러분의 노력으로 춘천하면 김유정이 각인된 것처럼, 이 기회에 춘천의 차상찬을 널리 알려 보려고 합니다. 『개벽(開闢)』이라는 잡지의 주간이었으며 당시 1920~40년대 다양한 잡지에 수필과 시를 발표하신 춘천 출신의 소위 종합예술인에 가까운 분이시죠. 어마어마한 분이신데 안타깝게도 다들 잘 모르더군요. 작품이 한문체를 벗어나지 못해 다소 어렵지만, 관심 있는 시민들과 함께 이 분의 작품 하나하나를 편역해 내보이려 합니다.

연주 시민 커뮤니티의 힘으로 그동안 몰랐던 춘천의 위대한 인물을 널리 알린다는 것, 무척 의미 있는 도전인 것 같습니다. 커뮤니티가 스스로 진화하고 있다는 느낌이에요.

　　주인장 하하, 그런가요? 그게 바로 제가 바라보는 커뮤니티, 그리고 살롱의 지향점이기도 합니다. 사실 제 개인적인 딜레마일 수도 있는데 도시가 살롱이 계속 '입문'에만 머무른다는 안타까움이 있어요. 다음 단계로 '심화'되어 한 단계를 넘어가야 발전이 있는데, 계속 입문만 되풀이되고 있다는 느낌이랄까. 넓이의 확장성만을 볼 게 아니라 이제는 깊이를 확장해 갈 때라고 생각해요.

연주 도시가 살롱은 최대한 다양한 커뮤니티가 참가하도록 해시 함께 누리는 기회를 넓히고자함일 텐데요.

　　주인장 네. 물론 적은 예산을 많은 공간에 나눠줘야 한다는 것이 고민일 수 있어요. 하지만 이 살롱 문화가 더 높은 단계로 올라서기 위해서는 단순히 지원, 즉 살롱 주인이 뭘 자꾸 주려고 하고 가르치려고만 해서는 안 된다고 생각해요. 참여자들 스스로가 주인이 되고 살롱은 그 공간을 이렇게 마련해 주는 정도, 또는 기획자로서의 최소한의 개입만으로 참여자들 간의 자발적인 모임이 되어야 할 것입니다. 그렇게 시민 하나하나가 인문적 소양을 갖추고 고급화되는 과정을 밟아갔으면 좋겠어요.

연주 결국 커뮤니티의 자생력으로 귀결되겠지요?

　　주인장 네, 도시가 살롱은 연속성을 가져야 하는 꽤 매력적인 프로그램입니다. 3년간 인큐베이팅을 성공적으로 했으니, 이제 뿌리 내린 씨앗들이 싹을 틔워 얼마나 튼튼하게 자랄지를 지켜봐야죠. 누군가의 기획된 산물이 아니라 스스로의 것으로 이제 만들어가야 되잖아요.

'술북술북 낭독회'

그날은 우리 동네 잔칫날 같았어
우리 또 싸롱 그거
한 번 더 했으면 좋겠네

실레책방 '실레책방 인생싸롱' 승순길 모임원

"10년 전 실레마을로 이사 와서 동네 분들 도움을 엄청 많이
받았어요. 하나하나 다 챙겨주시고, 가르쳐 주시고.
그래서 여기를 떠나지 않겠다고 결심했고, 책방까지 열게 되었어요.
모두 마을주민들 덕분이죠."

김유정 소설 속 마을에는 작고 소박한 시골 책방이 있다. 어선숙
책방지기는 책방이라는 자신의 오랜 꿈을 이루게 해준 이 마을과
이곳 사람들의 넉넉한 마음이 항상 고맙다. 그래서 주민들을 위해
세미나도 열고 영화제, 전시회도 준비한다. 급기야는 동네 할머니,
할아버지들을 강사로 모시고 어르신들의 오래된 이야기를 꺼내
들어보는 강연회도 마련했다. '실레책방 인생싸롱'은 그렇게 시작된
것이다. 그리고 오늘의 주인공 승순길 할머니가 등장하신다.
자, 이제 할머니의 인생싸롱이 시작된다.

작은 시골 동네다 보니 새로운 누군가가 오면 전부 다 관심이 가지. 책방 주인장이 10년 전에 여기 처음 이사 왔을 때도 그랬어. 우리 늙은이들이야 동네에 누가 새로 오면 너무 좋지. 젊은 사람이 살러 왔다니 반가웠지. 게다가 이사 오자마자 우리한테 인사도 잘하고 싹싹하게 잘 하니까 동네 사람들이 다 좋아했어. 촌에 뭐가 있어? 밭에서 나는 거 이것저것 챙겨주고 하면서 서로 친해졌지.

그런데 그러고는 한참을 지나 이이가 여기서 책방을 하겠대. 나는 내 나이에 책방이란 걸 알지도 못하고 살았잖아. "도대체 여기다 무슨 책방을 차려?" 하다가도 신기한 거지. 재미있기도 하고. 요즘 젊은 사람들은 참 뭐든 잘 해. 아무튼 책방이 된다니까 나도 그런 것 보고 배우고 사나. 그런 생각이 들었어. 그렇게 책방이 열리더니 여기 주인징이 그냥 맨날 아부 때나 놀러 오래. 그래서 맨날 아무 때나 가면 적적하지도 않고 참 좋아.

'실레책방 인생싸롱'

하루는 책방에서 동네 사람들 데리고 뭘 한다는 거야. 우리가 살아온 이야기를 하게 한대. 우리 같은 늙은이가 뭘 이야기할 거나 있나 싶었는데, 저 위에 사는 민순근이가 나와서 얘기를 한다는 거지. 귀도 잘 안 들리고 몸도 아파 기운도 없을 텐데 참 대단하다 했어.

그날은 꼭 잔칫날 같았어. 내 평생에 즐거웠던 날 중에 하나라 생각됐지. 나는 평생 어른 모시고 대가족을 건사하며 애들은 내가 다 도맡아 키웠어. 평생 관광이란 것도 못 해보고, 우리 어머니가 여든하나까지 사시는 동안 동네 환갑잔치 한번 못 가보고, 집에서 애들 보고, 빨래 다 삶아 널고, 밥 차리고 했어.

내가 지금껏 이렇게 살다가 여기 와서 사람들 모여서 이야기하는 거 보니, 얼마나 즐거운지 몰라. 그전부터 잘 다니던 사람은 이런 게 이렇게 즐거운 걸 모르겠지만, 난 이런 게 처음이라 사람 모이는 것도 좋고, 이야기하는 것도 좋고, 너무 좋은 거지. 내가 그렇게 살았어.

첫째 날, 민순근이가 일제시대 학교를 다녔고 6.25 전쟁 때 피난했던 이야기를 하고, 그 다음번 날엔 요 밑에 사는 민흥식 씨가 학도병으로 갔다 온 얘기를 했어. 한마을에 살았지만 그런 건 잘 몰랐지. 아, 저이들도 나만큼 고생하면서 살았구나 했지 뭐. 우리 모두 다들 그렇게 힘들게 살았어.

갑자기 시작된 승순길 할머니의 인생싸롱

나는 스물하나에 동면 품안리로 시집을 갔어. 지금은 소양강댐에 묻힌 데야. 그때 우리 시어머니가 서른아홉이었는데, 내가 시집을 오니까 임신을 하셨더라고. 그리고 그 이듬해 나도 아기를 낳아 내가 같이 키웠지. 그런데 당시는 화전을 해서 농사를 많이 지었는데, 일꾼이 없어 우리 어머니가 바로 밭으로 일을 나가셨어. 그래서 내가 시동생과 아들을 한꺼번에 키울 수밖에 없었어. 그때 우유가 있어 뭐가 있어. 둘 다 내 젖을 하루 종일 같이 먹었어. 내가 지금도 이렇게 조그마하니 애들이 뭐 배나 불렀겠어? 것도 둘

이서 나눠 먹으니 거의 허기만 면했지. 그리고 저녁에 일 마치고 어머니가 돌아오시면 삼촌과 조카가 또 함께 어머니 젖을 먹었어. 나도 힘들었지만 그때 참 우리 어머니도 힘드셨을 거야.

그렇게 둘을 길러놓고 우리 어머니 마흔셋에 또 딸을 낳고, 그 이듬해에 내가 또 딸을 낳았지 뭐야. 나는 또 둘을 젖을 먹여 키웠지. 근데 지금은 큰아들하고 삼촌은 있는데, 우리 딸과 시누이는 죽었어. 내가 실컷 길러 놨더니 오래 못 살고 죽어서 항상 마음이 아파.

3년 전에 우리 할아버지 돌아가시고 지금은 나 혼자 지내는데, 그래도 아들, 손자, 증손자까지 자주 왔다 가고 시동생, 동서, 친정 동생들도 자주 들러. 하지만 평소 혼자 있는 날들이 많으니까 계속 적적한데, 그럴 때마다 매일 동네 사람들이 날 돌봐줘. 내 가족이나 똑같지. 항상 고마워. 항상 여럿이서 살아봐서 그런가? 나는 사람 복작복작하는 게 좋아서 내 나이 지금 88세인데도 동네 사람들 불러서 밥을 해 먹여. 콩이 새로 나면 콩탕하고, 쑥이 나면 쑥국 끓이고. 여기가 이제 고향이지 뭐.

다시 열자, 인생싸롱

그런데 싸롱에서 마을 사람들이 앞에 나가서 얘기할 때 말이지. 우리는 그런 걸 잘못해. 뭘 자꾸 말하라고 하고 질문도 하라는데 창피하기도 하고. 또 앞에 나와서 말하는 사람이 주인공인데 그 사람 말 막히게 끼어드는 건 잘난 척하는 거 같아서 싫었어. 그래서 조용히 듣기만 했어. 그래도 좋았어.

그런데 마지막 날 우리가 모여서 다 돌아가면서 한명씩 얘기를 했잖아. 그때는 너무 재미있었어. 무슨 말을 해야 하나 싶어 가만히 있는데, 다들 자기 얘기를 하나씩 하는 거야. 그때 처음으로 이 동네 사람들 얘기를 다 들어봤어. 우리가 일 없을 때는 모여서 수다는 떨지만 이렇게 돌아가면서 이야기하는 거 해본 적이 없었어. 30년, 40년을 같이 지내도 몰랐는데… 다들 열심히 잘 살았어. 그래서 등을 두드려 줬어.

그리고 이런 우리 얘기를 들으러 젊은이들도 왔어. 늙은이들 구질구질 사는 얘기가 뭣이 재미있다고. 민 씨 아저씨 학도병 얘기할 때는 진짜 깜짝 놀라 하고 또 다른 얘기들에 신기해하면서 듣더라고.

아무튼 그날은 우리 동네 잔칫날 같았어. 재밌었어. 그래서 이제 코로나도 풀렸다고 하니 또 한 번 했으면 좋겠어. 요즘 밤에 책방 등이 반짝반짝 예쁘니깐 우리 또 모여서 싸롱 그거 또 하면 재미있을 것 같아. 그때 많이 놀러들 와.

실레마을 어르신들의 인생 이야기를 들었던 '실레책방' 앞마당

오롯이 나에게 집중하는 시간,
춘천이 내게 다가오기
시작하네요!

블래터 '마인드풀 워킹 클럽' 이송이 모임원

"차를 너무 오래 우리면 색과 향, 맛이 변하죠. 그래서 이 모래시계가 다 떨어지면 이렇게 차를 따르고, 이제 드시면 돼요. 다음 물을 너무 급하게 따르지는 마시고, 다 드시면 천천히 또 우려내세요. 그리고 이쪽으로 오시면 소리로 명상을 할 수 있는 악기들이 있답니다. 이 모두를 다 체험해보는 거예요."

도시가 살롱에 참여한 모임원을 만난다고 했는데…, 너무나도 적극적인 호의에, 혹시 여기 직원인가? 하는 의구심을 갖게 만든 그녀. 블래터 '마인드풀 워킹 클럽'에 참가한 후 걷기 명상에 빠지고 차(tea)에 빠지고, 춘천에 푹 빠진 이송이 씨. 그녀는 불과 6개월 전 춘천에 정착한 초보 춘천러이자 블래터가 위치한 신촌리 동네 주민이었다.

전원생활을 꿈꾸며 엄마랑 반년 이상 강원도를 돌아다녔어요. 고르고 고르다 정착한 동네가 바로 동내면 신촌리랍니다. 이사 와서 동네 여기저기를 기웃거리다가 여기 블래터가 눈에 확 띄었어요. 아주 독특한 곳이라는 느낌을 받았죠. 그러고는 우연히 '도시가 살롱' 홍보물을 보게 되었는데, 마침 그 블래터가 소개된 거예요. '어? 우리 동네 블래터가 여기 나왔네!' 괜히 막 반가운 거 있죠. 아침마다 명상 요가를 하는 제게 이곳의 걷기 명상 프로그램은 또 하나의 호기심으로 다가왔어요. 그동안 이 공간에 대해 품었던 궁금증들을 풀어보려고 자연스럽게 그리고 은밀하게 DM으로 접근했답니다. 아주 운명 같은 만남이었죠. 하하. 그때 춘천에 직장을 가지려고 준비 중이었는데, 이 프로그램이 마무리된 시점에 취직도 하게 되었네요. 본격적인 춘천살이를 앞두고 시작이 참 좋았어요. 이제는 춘천에서 모든 게 술술 잘 풀려가고 있는 느낌이에요.

'마인드풀 워킹 클럽'은 현재에 집중하는 산책모임입니다. 머리가 복잡하고 마음의 속도가 몸의 속도를 훌쩍 뛰어넘어 벅찰 때는 어떻게 해야 할까요? '현재에 머무르는 것처럼 좋은 것은 없다'는 게 이곳 주인장의 처방입니다. 그래서 여기에 모인 사람들은 어떤 대화도 없이, 단지 같은 길을 잡다한 다른 생각을 떨쳐내고 오롯이 내 발끝 하나에만 집중하면서 걸었어요. '아, 내가 이렇게 걷는구나, 바닥에 발이 닿는 느낌이 이런 거구나' 하면서 걷다 보면, 그동안 몰랐던 주변의 소리도 훨씬 더 잘 들리고 평소 그냥 지나쳤던 풀 냄새, 꽃향기도 느낄 수 있었어요. 이렇게 소리와 향기가 내 몸에 깊이 와 닿으니 한 발짝 한 발짝에 온 정성이 담긴 것 같았어요.

> 먼저 발을 들어 올려 숨을 들이쉽니다. 그리고 발을 앞으로 내어 놓습니다. 먼저 발꿈치가 땅에 닿고, 그다음에 발가락이 닿습니다. 숨을 내쉽니다. 발이 단단히 땅에 닿았음을 느껴봅니다. 나는 이미 도착했습니다. - 틱낫한, <How to Walk> 중에서

첫 시간에 주인장이 선물해준 책에 나오는 것처럼 발걸음 하나하나마다 호흡을 담는다는 게 쉽지는 않았어요. 그러고 보면 우리 일상에서도 자연스러운 호흡이 어려울 때

가 많잖아요. 다양한 사건과 감정에 휩싸여 나도 모르게 호흡을 멈추거나 참으면서 답답하게 가슴을 치는 순간들. 걸으면서 내쉬는 자연스런 호흡 하나하나가 마음을 얼마나 편안하게 만드는지. 나중에 기회 되면 꼭 한번 해보세요. 새로운 느낌이 들 거예요.

'마인드풀 워킹 클럽'

이렇게 숲에서 걷는 명상이 끝나면 이후 블래터로 돌아와 주인장이 준비해 주는 차를 마시며 소통하는 시간을 가집니다. 오늘 걸으면서 느낀 점도 이야기하고, 때론 산책길에서 만난 풀잎 하나씩을 챙겨와 우연히 만난 이 특별함에 대해 이야기를 나눴어요.

또 하나의 신기한 경험은 '대화카드'인데요, 모임원끼리 자신에 대한 어떤 정보도 공유하지 않고 단지 카드에서 나오는 주제를 가지고 생각을 공유해요. 한번은 '사랑'이란 카테고리 뽑으신 분에게 '좋아하는 스킨십이 뭔지'에 대한 질문이 던져졌는데 이분이 '눈빛'이라고 대답을 하셨어요. 그때 그 자리의 모든 사람들의 반응이, '눈빛? 아 그렇지, 눈빛도 스킨십일 수 있지!'했답니다.

산책 후 잘 모르는 사람과의 이런 대화는 일상의 수다와는 또 다른 느낌이었습니다. 다양한 연령대, 각자 다른 곳에서 다른 일을 하는 사람들. 태어나 처음 보는 반딧불이가 이슬을 먹고 산다는 사실에 함께 감탄했고, 부모님 세대와의 연륜 있는 대화도 좋았고, 그 속에서 서로에게 공감하고 위로하는 시간 또한 감사했습니다.

대룡산이 내다 보이는 '블래터'

저에게 춘천은 자신의 의지만 있다면 자기가 원하는 걸 얼마든지 배우고 공유할 수 있는 곳입니다. 예전에 살던 대도시에서는 이런 배움이나 체험 같은 것이 대부분 클래스나 학원이라는 이름으로 규정지어져 있었죠. 물론 당시 제게는 그런 관심거리를 찾아다닐 여유조차 없었고요.

도시 속에서 매일매일 쳇바퀴 돌듯 살다가 춘천을 만나게 되었고, 자리를 잡고 삶의 여정을 다시 그려가는 순간에 '마인드풀 워킹 클럽'이 다가왔어요. 낯선 춘천의 초보자에게 자리를 내어주고, 춘천의 숲을 소개하고, 이야기를 들려주고, 마음을 살필 수 있는 방법을 제시해준 모임. 프로그램이 끝난 이후에도 여전히 블래터는 일부러 시간 내서 쉬러 오는 힐링 공간이죠. 저는 요즘 '다음엔 어디를 가볼까?', '엄마에게 추천해볼 곳은 없나?' 하면서 도시가 살롱을 배회하고 있답니다.

그런데 의외로 춘천시민 분들이 잘 모르시는 것 같아요. 누구나 익숙한 공간에서 지내다 보면 매일 지나가는 길, 그동안 만나던 사람들만 만나게 되죠.

자, 이번 가을에는 어떠신가요? 조금은 색다른 도시가 살롱에 저와 함께 빠져보는 건.

Chaper 04.
도시가 살롱의 또 다른 상상

글쓴이 | 이나래

다양한 문화콘텐츠를 기획, 제작하는 N잡러.
고향인 서울을 떠나 2019년 춘천에 정착했다.
여전히 바쁘게 살지만, 일과 일 사이에 여백이
있는 춘천을 좋아한다.
나를 돌보려 시를 쓰고, 틈나면 최선을 다해
논다. 춘천에 사는 사람들, 공간과 커뮤니티가
주는 힘을 믿는다.

그 시절, 우리가 좋아했던 살롱

예술을 제대로 즐길 줄 아는 사람들의 도시라니

춘천에서 산다고 말하면 금세 아련한 눈빛으로 변하는 사람들이 있다. "와, 부럽다. 눈 뜨면 춘천이라니!" 이렇게 말하는 사람들은 대부분 춘천이 가진 분위기를 흠모하거나, 청춘의 한 조각을 춘천에 남겨두었을 가능성이 높다. 그런 사람들을 만날 때면 괜히 내 어깨가 으쓱해진다.

"맞아요. 당신이 생각하는 그 풍경, 그 분위기.
난 그런 곳에 살고 있어요."

생각해보면 나 역시 오랫동안 춘천의 분위기를 흠모했다. 그래서 일까. 이곳으로 정착할 때 아주 큰 고민을 하지 않았다. 돌이켜보니 그 호감의 시작은 오래전 춘천 여행에서 비롯되었다는 걸 알았다. 정확한 연도는 가물가물하지만, 춘천마임축제를 처음 본 날로 기억된다. 아름다운 자연을 벗 삼아 밤새 축제를 즐기는 사람들의 모습, 다른 나라와 다른 지역에서 온 사람들과 스스럼없이 어울리는 춘천 사람들의 모습이 퍽 인상적이었다.

축제장에는 무표정한 얼굴로 꽤 오랜 시간 동안 팬터마임을 펼치는 마임이스트가 있었는데, 관객이 있든 없든 연기에 한껏 몰두해 있었다. 난 그 풍경이 설레면서도 낯설어서 한참 시선을 뗄 수 없었다. 그런 나와는 다르게 이곳 사람들의 표정에서는 익숙함이 읽혔고, 궁금한 마음에 나를 춘천에 끌고 온 언니에게 물어보았다.

"춘천 사람들은 이런 예술 장르가 익숙한가 봐."

물론 그 말은 춘천을 단편적으로 경험하고 내린 오해일 수 있다. 그러나 나에게 춘천은 '예술을 제대로 즐길 줄 아는 사람들이 있는 도시'라는 인식을 새긴 사건이었다. 춘천을 잘 알았던 언니는 이런 이야기를 해줬다. "춘천에는 옛날부터 문화예술인들과 노닥거리는 아지트가 여럿 있어."

춘천 사람들이 잘 즐기는 건 예술인과 가까이 지낼 수 있는 문화가 있기 때문이라는 말이었다. 너무 멋진데? 나는 그렇게 춘천의 1세대 살롱 이야기를 풍문으로 들으며 춘천을 흠모하는 마음을 키워갔다.

춘천의 1세대 살롱을 찾아서

2015년에 나는 춘천문화재단의 매거진을 만들면서 지금까지 남아있는 춘천의 1세대 살롱을 취재하게 됐다. 춘천 특유의 문화를 만드는 대안문화공간은 어떤 곳일까? 궁금한 마음으로 찾았던 곳은 '올휘의 땅', '봉의산 가는 길', '예부룩'이었다. 이 공간을 취재할 때만 해도 나는 서울과 춘천을 오가는 '초보춘천러'였기에 어떤 매력이 숨어있는지 잘 알지 못했다. 그냥 오래된 카페가 아닌가? 긴가민가 했달까.

춘천을 조금 안다고 말할 수 있는 지금은 다르다. 사람들이 왜 이 공간들에 끌리는지 어느 정도 설명할 수 있다. 그 배경엔 오랜 세월 공간을 지켜온 '속 깊은 주인장의 중력'이 있다고 말이다.

춘천문화재단 매거진 POT 창간호

춘천에서 문화로
좀 놀아본 사람들의
아지트

📍 예부룩
클래식 음악과 책을 품은 예술공간

📍 봉의산 가는 길
봉의산과 소양강의 풍경이 맞닿은 카페

음유시인 오르페우스가 머무는 살롱, 올훼의 땅

매월 셋째 주 일요일마다 레코드 플리마켓을 여는 '올훼의 땅' 주인
장 우종성은 지역에서 문화기획자로 활발하게 활동한다. 지역 어딘
가에서 우 대표를 마주치면 "밥 먹으러 와.", "커피 마시고 가."라는
다정한 인사를 들을 수 있다. 아는 사람이나 손님에게 하는 알은체가
아니라 식구(食口)처럼 건네는 말. 나는 그 말이 참 따뜻해서 좋다.

올훼의 땅은 소설가 이외수가 지어준 이름이라고 한다. 그리스 신
'오르페우스'가 머무는 땅이라는 의미처럼 이곳에서는 시인, 음악가,
화가 등 예술인뿐 아니라 레코드와 오디오를 사랑하는 사람들이 주
인장 우종성과 함께 문화적 작당을 펼친다. 사실 이곳은 1세대 살롱
의 전설로 불리는 '카페 바라'가 있던 자리라 공간의 의미가 깊다. 춘
천 디제이 마지막 세대인 우종성은 올훼의 땅에서 문화공간 바라의
명맥을 이어가는 중이다.

올훼의 땅에서 열린 '한 사람으로 시작된 춘천 다큐영화제'

클래식이 들리는 것보다 가까이 있습니다, 바라와 예부룩

1980~1990년대 춘천문화예술을 선도했다고 해도 과언이 아닌 '카페 바라'는 1983년 문을 열자마자 지역예술인들의 사랑방 역할을 자처했다. 알만한 지역예술인들은 거의 다 이곳의 단골손님이었을 정도다. 그들을 중심으로 클래식 음악회, 시낭송회, 고전음악 감상회, 연극 등 다양한 문화행사가 열렸는데, 대학생은 물론 고등학생까지 수시로 드나들면서 춘천의 새로운 문화 바람을 일으켰다. 히브리어로 '창조'라는 뜻을 가진 바라는 클래식 전문 다방이자 창조적 시민들이 예술로 안착할 수 있는 '문화둥지'로 15년간 자리매김했다.

그러던 어느 날, 바라의 운명을 송두리째 뒤흔든 사건이 벌어진다. 건물주가 카페를 비워달라고 통보했던 것. 이에 바라를 사랑하는 지역예술인과 시민들 1천여 명은 '바라 살리기 범춘천시민서명운동'을 전개했다. 1997년 당시의 일화는 춘천에 전설처럼 남아 전해진다. 그러나 결국 바라는 사라졌다. 대신 이상문 주인장은 소양강댐 도로변에 '그의 이야기 속에 나오는 나무 한그루'라는 공간을 만들어 정기적으로 '바라 작은 음악회'를 열었다. 지역과 중앙무대에서 활동하는 음악인들이 마을 주민들을 위해 무료로 공연하는 날이면, 논과 밭이 지천이던 시골 마을이 아름다운 음악으로 풍성해졌다.

중앙일보에 소개된 바라살리기 운동

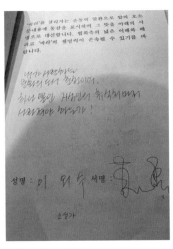

소설가 이외수의 서명

2005년부터는 고슴도치섬(위도)에서 북카페인 '예부룩'의 역사가 시작된다. 이 대표는 그곳에서 문학, 미술, 음악, 연극, 사진 등 다양한 장르의 예술가 20명이 모인 예술공동체 예부룩을 만들었고 그들과 함께 고슴도치섬의 예술공원화를 위해 노력했다. 하지만 고슴도치섬 일대가 개발에 들어가면서 결국 짐을 싸야 했다. 이후 새롭게 자리 잡은 곳은 어린이회관(현 상상마당)이었는데, 그곳 역시 2년 만에 건물을 비워줘야 하는 상황에 부닥쳤다. 어쩔 수 없이 다시 보따리를 싸고 말았다. 지금의 자리인 춘천교육대학교 앞에 정착하기까지 쫓겨나면 옮기고, 또 쫓겨나면 옮겨야 했던 지난한 여정이었다. 그런 상황에서도 이상문 주인장은 클래식 음악회를 멈추지 않았다.

문화커뮤니티 금토 박동일 이사와 이상문 주인장

2000년대 초반 '그의 이야기속에 나오는 나무 한그루'에서 열린 바라 작은 음악회

진한 에스프레소를 마시며 주인장에게 듣는 바라와 예부룩의 이야기는 춘천 1세대 살롱의 역사가 켜켜이 쌓인 한편의 서사시 같다. 놀라는 나에게 이 대표는 아주 담담하게 말한다.

"별것 없어요. 이 세상에는 다양한 음악이 있잖아요.
그중에서 이런 음악도 들어보라고 오신 분들께 권하는 거에요."

예부룩에서는 오직 클래식 음악만 튼다. 간혹 '스피커도 좋은데 조용필 노래 좀 들어보자'는 손님도 있지만, 틀지 않는 건 주인장의 소신이다. 사람들이 어렵게 느끼는 클래식 음악을 생활 속에서 즐기는 문화를 만들고 싶은 것이다.

다양한 장르의 야인들과 한바탕 시나위

춘천 사람들에게 '망치 형님'으로 불리는 인물이 있다. 바로 콧수염 난 연극인 박명환이다. 그는 서울에서 연극을 하다 1987년에 춘천으로 돌아와 중앙로 한국은행 건너편 2층에 '시나위'라는 공간을 차렸다. 화가, 조각가, 연극인, 시인 등 예술가들이 수시로 드나들던 아지트였다. 시나위는 당시 춘천마임축제나 춘천연극제 등 축제 뒤풀이 장소로 명성을 얻었는데, 실제로는 매일매일 축제처럼 사는 주인장이 더 유명했다고 한다. 철저하게 주인장 취향대로 운영하는 공간이었으며 예의 없는 손님은 출입을 금지시켰던 공간. 박명환 대표는 시나위를 '30대의 열정과 40대의 방황이 녹아 있는 곳'이라 회상한다. 2004년에 시나위를 접고 한참 프리랜서로 생활하던 그는 작년 신북읍 지내리 숲속에 '카페 429-1'을 열었다. 아니나 다를까 박 대표는 그 공간을 새로 생긴 핫플레이스로만 두지 않았다. 제도권 밖에 있는 다양한 장르의 야인과 함께 너른 마당을 놀이터로 아낌없이 쓰려고 한다.

> "카페는 단순히 돈을 벌려고 하는 곳이 아니에요.
> 카페는 문화공간이며 주인의 철학과 애정이 없으면 쉽게 사라져요."

시나위를 운영했던 박명환 주인장

좋은 원로가 걸어온 길, 봉의산 가는 길

'봉의산 가는 길'의 노정균 주인장은 1994년 서울 생활을 정리하고 미국 서부 여행을 떠났다. 그곳에서 나이가 지긋한 부부가 운영하는 카페를 만나고 나서 마음이 크게 일렁였다. 식당도 다방도 아닌 곳에서 소담한 대화가 오가는 문화라니. 누군가 일방적으로 말을 전달하고 누군가는 입을 닫고 들어야만 했던, 가부장적 제도 아래 살아왔던 우리에겐 무척 생소한 모습이었다. 노 대표는 그런 카페를 차리기로 결심했다.

한국으로 돌아와 수많은 곳을 탐색했고, 춘천 신북읍까지 와서 '황토마을'이라는 이름의 공간을 열었다. 초가집에 멍석을 깔아놓은 콘셉트는 모두 주인장의 아이디어었다. 보험설계사부터 선생님, 언론인과 예술인들까지 입소문이 퍼졌다. 이후 여러 매체에 소개되면서 주말이면 서울 사람들로 북적이는 인기 명소가 되기도 했다. 황토마을은 몇 년 후 봉의산 자락으로 자리를 옮기며 '봉의산 가는 길'로 이름을 고쳤다. 오랜 단골들은 이곳을 '봉길'이라고 부른다.

매년 '힘들어도 1년만 더 해야지.' 다짐하다 보니 어느덧 30년이 다 되었다. 그래서 이곳을 고향처럼 생각하는 사람들도 생겼다고 한다. 봉길에서 주인장과 마주 앉아 이런저런 이야기를 나누다 보면 어느새 고민을 털어놓고 싶어진다. 해박하고 또 소박한 어른이 전하는 지혜가 가슴에 와닿기 때문이다.

> "좋은 콘텐츠와 오래 할 수 있는 배짱만 있다면,
> 지역의 좋은 원로가 됩니다."

황토마을에서 노정균 주인장, 고진하 시인, 우안 최영식 화백

마음을 어루만지는 살롱이 필요하다

춘천에서 여러 미용실을 전전하다 4년 만에 내 취향에 맞는 헤어살
롱을 발견했다. 그곳 주인장은 과도하게 친절하지 않고, 직업이 뭔
지 나이는 몇 살인지 묻지 않는다. 대신 상하기 쉬운 내 머리칼을 한
올 한올 어루만져준다. 춘천 1세대 살롱의 주인장들을 만나면서 나
는 '어루만진다'라는 동사를 생각했다. 상처받기 쉬운 마음을 무심한
듯 어루만지는 주인장이 있는 곳. 어쩌면 '살롱'이라는 말속에는 그
런 힘이 숨어있는 게 아닐까.

그런 의미에서 나는 살롱의 시대가 부활한 것이 반갑다. 이제 사람
들은 끈끈한 관계나 목적으로 결성된 동호회보다 취향을 중심으로
모였다가 흩어지는 느슨한 관계를 선호한다. 그 때문에 살롱이라는
형태의 적당한 만남이 필요한 건지도 모르겠다. 취향은 좋아하는 마
음에 가깝다면 취미는 그것을 즐기는 행동일 테니.

이제 도시의 다양한 살롱에서는 '알 수도 있는 사람'과 처음 인사를 나누고 취향을 나눈다. 느슨하게 연결되었으니 다음번엔 친구가 될 수도 있다. 그러다 보면 어느새 서로를 어루만지는 관계로 발전하지 않을까.

사람과 사람의 관계를 연습하는 살롱, 나 자신을 찾는 살롱, 이웃을 위한 살롱. 사람들에게 낯선 경험과 즐거운 전환을 선사할 제2의 바라가 많아진다면 나는 이 도시를 흠모할만한 중력이 더욱 강해지리라 믿는다.

도시가 살롱
두 기획자 이야기

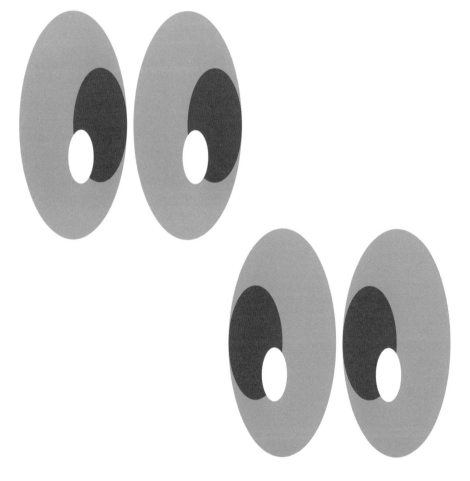

2020년은 코로나19로 전 세계가 비상사태였다. 특히 문화예술계는 어느 때보다 혹독한 시기를 보냈다. 춘천도 마찬가지였다. 일상이 무너진 상황에서 문화는 어떤 역할을 할 수 있을지 머리를 모았고, 작지만 의미 있는 일을 해보자는 생각은 일상 속 작은 공간으로 이어졌다. 그렇게 탄생한 사업이 커뮤니티 심리방역 도시가 살롱이다.

일상과 관계가 무너진 시대에 작은 공간 주인장들이 제안하는 커뮤니티 활동은 도시의 새로운 네트워크를 만들어냈다. 작게 모여 내 취향을 나누던 사람들은 이제 '오래 만나기 위한 이야기'를 나누고, 우리 마을과 도시에서 '다정하게 생존'하기 위한 실험을 펼친다.

나로 시작한 이야기가 도시의 즐거운 활동으로 이어지기까지 담당자들의 고민과 노력도 만만치 않았을 것 같다. 도시가 살롱의 출발과 생생한 사업의 현장. 궁금한 이야기를 들으러 담당자를 만나 대화를 나눴다.

춘천문화재단 시민문화팀
김상아, 남세은의 이야기

나래 도시가 살롱 기획 초반에 상아 씨가 춘천의 공간들을 찾아다니면서 주인장들은 어떤 생각과 욕망이 있는지 살펴보려 애썼던 기억이 나요. 도시가 살롱이 이만큼 자리 잡을 수 있었던 것도 담당자의 열정이 큰 역할을 했다고 이야기하는 주인 장도 있어요. 공간을 찾아다닐 때 어떤 마음이었어요?

상아 원도심에 있는 공간들을 한번 연결해보자는 센터장님의 공간 전략이 있었어요. 제가 가는 공간이라야 작은 책방 정도인데, 다른 유형의 공간들도 열심히 찾아봐 야 하는 상황이었죠. 사람들이 편하게 찾는 공간, 요즘 새롭게 떠오르는 공간 등 다양한 공간에 대한 정보를 모아서 문을 두드리기 시작했어요. 그런데 말 붙여볼 틈이 없을 만큼 주인장들이 바쁘더라고요. 차를 한잔 시켜서 마시다가 여유가 생 길 것 같으면, 그때 가서 살짝 말 걸어보는 식이었어요. 처음에는 말씀도 별로 없 으셨죠. 그러다 커뮤니티 운영에 관심 있는 분들이 꽤 있다는 걸 알았고, 공감하 는 분들과 함께 아이디어를 모으는 자리를 가졌어요.

나래 공간의 주인장들이 처음 모여서 이야기를 나눌 때 나온 이야기들이 도시가 살롱 사업의 출발에 큰 도움이 되었나요?

상아 그곳에 모인 분들은 단순히 사업가가 아니라 잠재된 열망이나 기획력이 있는 분 들이었어요. 이미 자신의 공간에서 소소하게 모임을 운영하는 분들도 있었고 해 보고 싶은 프로젝트는 있지만, 엄두가 나서 하지 못하는 분들도 있었죠. 모집에 대한 부분도 부담스러워했고요. 커뮤니티 프로그램 운영 경험이 있는 분들은 참 여하는 사람 수를 떠나 매우 의미 있고 재미있는 활동이라는 경험담을 말씀해주 었어요. 7~8평의 작은 공간이지만, 그곳에서 이어지는 만남과 소통의 힘은 삶을 변화시키기도 하고 삶의 활력이 된다는 이야기였죠. 그 작은 만남을 이어가기 위 해 춘천이 아닌 다른 지역에서까지 적극적으로 참여한다는 이야기를 나누면서 도시가 살롱의 틀을 만들어갔어요.

나래 춘천은 과거부터 여러 규제 때문에 도시의 성장을 이끄는 주요 산업도 없었고, 따 라서 대규모로 지어진 시설이 별로 없어요. 공연장이나 전시장 외에 시민들이 편 히 드나들 수 있는 문턱 낮은 문화시설이 없다는 이야기도 많이 들었죠. 그렇기에 집 근처나 회사 근처에 사랑방 같은 작은 문화 커뮤니티를 만들고 도시 전반으로 확산하겠다는 전략이 있었던 것 같은데, 기획 단계에서 고민한 점은 없었나요?

상아 처음 고민했던 건 '커뮤니티는 무엇인가'였어요. 커뮤니티의 개념은 말하는 사람마다 다르죠. 3인 이상 모여야 하고, 몇 회 이상 모임을 지속해야 한다든가 그런 기준들이요. 또 지원사업의 관점에서 보는 커뮤니티는 우리 동네나 지역을 위해야 한다는 조건들이 붙어요. 그런 커뮤니티는 어깨가 너무 무거워져서 저조차도 참여하는 데 부담될 것 같아요. 주제가 깊거나 가볍거나 일단 내가 관심이 있어야 뭐든 시작되지 않을까요? 그런 의미를 담아 사업의 메시지를 만들었고, 그러다 보니 개인의 취향과 관심사 중심으로 시작됐죠. 관심 있는 콘텐츠로 모여 서로 이야기를 나누다 보면, 그 과정에서 내 생각이 만들어지기도 해요. 참여한 사람들뿐 아니라 주인장도 함께 성장하는 것 같아요. 그게 바로 커뮤니티라는 시각도 있죠.

나래 과정이 중요한 게 문화도시 사업이잖아요. 예상을 할 수 있지만 결과를 함부로 장담할 순 없죠. 그래서 사업 과정에서 다양한 가능성이 발견되는 것 같아요. 그렇지만 사업계획서에서 말하는 '기대효과'라는 게 있잖아요. '도시가 살롱은 이런 방향으로 갔으면 좋겠다'라는 기대가 있었을 텐데요?

상아 공간을 운영하는 주인장들의 욕망이나 기획력을 이끌고자 한 노력이 있었어요. 이것을 어떤 정량적 수치로 평가할 수는 없을 것 같아요. 제가 꿈꿨던 것은 사람들에게 '동네에 언제든 찾아갈 수 있는 편안하고 다정한 공간'이 하나쯤 있었으면 좋겠다는 거였어요. 공기관에서 하는 공간 사업들은 대부분 대관 사업에 머물러 있잖아요. 그러니까 일시적이죠. 프로그램이 끝나면 공간도 관계도 그냥 사라지니까요. 그렇기 때문에 저는 공간에 있는 사람이 중요하다고 생각했어요. 프로그램이 끝나더라도 관심과 이야기를 나누던 사람이 늘 그 공간에 있다면 언제든지 찾아갈 수 있잖아요. 도시에 그런 공간이 많이 생겼으면 좋겠다는 게 제 기대였어요.

나래 다양한 커뮤니티 프로그램에 참여한 사람들이 이제는 자신의 취향과 결에 맞는 도시가 살롱 공간들을 찾아가고 있는 것 같아요.

상아 맞아요. 여러 커뮤니티를 경험하고 자신의 취향에 맞는 공간을 찾아가기도 하고, 또 취향이 맞는 지인들이 추천해서 공간을 찾는 경우도 많더라고요. 그런데 또 어떤 사람은 홍보물만 보고 궁금해서 찾아오시기도 해요. 초창기에는 얼굴을 아는 분들이 좀 있었다면, 지금은 새로운 분들이 많이 참여하고 있어요.

나래 많은 사람을 만나다 보니 곤란했던 적도 있을 것 같은데, 도시가 살롱을 추진하면서 그런 적 있었나요?

상아 사업 초반이었어요. 저는 담당자니까 다양한 커뮤니티에 참여했었는데, 가는 곳마다 같은 사람이 보이는 거예요. 이 공간에 가도 저 공간에 가도 똑같은 남자분이 있었죠. 커뮤니티 활동을 좋아하는 분이구나 했는데, 알고 보니 다른 목적이 있었어요. 여성분들을 만나고 싶었던 거죠. 혹시 커뮤니티 분위기가 안 좋아질까 봐 조금 걱정했어요. 어떤 규정이 필요한 걸까 고민도 했고요. 그러나 걱정과 다르게 어느 순간 안보이더라고요. 커뮤니티에서 겪을 수 있는 경험이고, 또 그런 분들이 나타났다 사라지는 것도 자연스러운 과정 같아요.

나래 반대로 정말 뿌듯했던 순간은 언제였나요?

상아 도시가 살롱을 진행하는 과정에서 주인장들이 좋은 이야기를 많이 해주세요. 도시에 관한 이야기, 살롱에 관한 조언이나 커뮤니티에서 일어나는 다양한 이야기들이죠. 그런 것들을 더 많은 분과 함께 나누고 싶어서 공식적인 자리에서 해주십사 부탁할 때가 있어요. 그런데 주인장들이 부담스러워 거절하기도 해요. 주인장의 목소리가 꼭 필요한데, 어떻게 하면 최대한 부담을 덜어줄 수 있을까 고민하다가 작은 공간에서 진행하려고 했었던 적이 있어요. 그런데 센터장님은 그분들이 무대에 오르셨으면 했죠. 결국은 그렇게 공식적인 자리에서 진행하게 된 것이 '오래 만나기 위한 이야기, 여름밤 포럼'이었어요. 그 포럼은 도시가 살롱 현장에서 느낀 사업의 의미와 문제의식을 공유하고, 또 이러한 커뮤니티를 지속하는 방법을 모색하는 자리였어요. 걱정이 많았는데, 포럼을 끝낸 주인장들의 표정이 '아 우리가 뭔갈 해냈구나'하는 상기된 표정이었어요. 그 순간이 기억에 남아요.

나래 세은 씨는 이곳에 입사하자마자 상아 씨와 함께 도시가 살롱 담당자로 활약하고 있는데, 이전에 도시가 살롱에 관한 이야기를 들어본 적 있나요?

세은 전 춘천에 오기 전에 가평에서 일했는데, 조금 심심했어요. 제가 좋아하는 순댓국이나 닭발을 같이 먹는 모임을 하고 싶었는데 함께할 사람들이 별로 없었죠. 아는 사람들이라고는 회사 사람들뿐이라 함께 가평의 여러 공간을 다녔어요. 그러다 보니 주인장들과도 친해졌죠. 재미있더라고요. 옆 도시인 춘천은 더 재미있는 공간이 많을 텐데 어떨까? 궁금한 마음에 검색하다 보니깐 도시가 살롱이 나오더라고요. 사실 조금 더 조직적인 시스템을 배우고 싶어서 춘천문화재단에 여러 번 지원했었어요. 연이 닿지 않다가 이번에 운 좋게 입사했는데 어떤 사업을 하고 싶은지 물어보시더라고요. 그래서 '도시가 살롱' 사업을 하고 싶다고 말씀드렸죠. 물론 제 의사를 반영해주신 건 아니었지만, 도시가 살롱을 만난 건 운명 같아요.

나래 세은 씨는 지금 도시가 살롱의 새로운 가능성을 타진하는 프로젝트 '오늘은 여행자 살롱'을 진행하고 있고, 또 도시가 살롱에 참여했던 40여 개의 공간이 5일 동안 도시 전역에서 축제를 펼치는 '시그널 페스티벌'도 담당하고 있잖아요. 1년간 해보니 어때요?

세은 주인장이나 참여자분들이 처음에는 사적인 욕망에서 시작했지만, 점점 회차를 거듭할수록 나만을 위한 활동보다 도시의 다양성을 확보하는 방법, 여러 사람이 다 같이 잘 사는 방법 등을 고민하더라고요. 신기했어요. 결국 우리 안에는 '이웃과 함께하는 삶'이라는 가치가 있다고 생각해요. 그래서 인지 요즘은 사람이 가장 귀하다는 생각이 들어요.

나래 주인장들에게 강요한 것도 아닌데 자연스럽게 '같이하는 가치'들을 찾아가고 있군요. 그렇다면 도시가 살롱 참여를 권유했던 공간 중에서 '내 돈 벌 시간도 부족하다'라며 거절했던 주인장도 있었나요?

상아 제가 찾아갔던 곳 중에서 이런 말을 했던 주인장이 있어요. "우리 공간은 이제 막 인기를 끄는 핫플레이스가 되어가고 있는데, 공공과 손잡고 뭔가 하면 구려질 것 같다." 결국엔 참여하지 않았죠.

나래 공공기관과 일하는 것이 내 삶에 도움이 된다는 인식보다 '구리다', '하찮다'라고 생각하기도 하는 것 같아요. 트렌드에서 멀어진다고 생각하기도 하고요. 도시가 살롱 브랜딩을 통해 이런 인식을 개선하는 과정이 필요하겠네요. 주인장들과 브랜딩 작업도 하는 걸로 알고 있어요. 어떻게 진행되고 있나요?

세은 타이포그래피를 기반으로 한 로고를 만들고, 작업물을 만드는 브랜딩 과정을 거치고 있어요. 포스터도 예쁘게 나왔고, 지금은 여러 전문가의 의견을 반영해 가독성을 높이는 방향으로 정리 중이에요. 함께하는 도시가 살롱 공간에 브랜딩 결과물도 제공해드리려고 하죠. '이 공간은 사람들을 다정하게 맞이하는 문화적 공간이다', '그런 공간이 도시 곳곳에 펼쳐져 있다' 도시에 이런 이미지가 쌓였으면 좋겠다는 마음으로 브랜드 작업을 하고 있어요. 주인장들도 브랜딩 확장을 위한 홍보 방안을 연구하며 다양한 사례들을 나누고 있죠. 도시가 살롱 커뮤니티들이 한눈에 보이고, 결제까지 이루어지는 시스템을 개발하면 어떨까. 참여자들이 편리하게 접근할 방법은 무얼지 즐거운 상상을 하고 있죠.

상아　도시가 살롱 인지도에 힘입어 자신의 가게를 홍보하고 싶어 하는 주인장도 있어요. 그러나 막상 해 보니, 내 가게를 홍보할 만큼 사업 인지도가 높지 않다고 말씀해주시기도 해요. 중요한 건 이 생각으로 끝나는 것이 아니라, 도시가 살롱 브랜드를 함께 키워서 모두에게 도움이 되게 만들어보자고 발 벗고 나서는 주인장들이 많아요. 단순히 문화도시에서 지원하는 사업이 아니라 진짜 내 사업처럼 생각하는 주인장이 있기에 저희가 힘내서 할 수 있는 것 같아요.

나래　도시가 살롱이 시민 버전이었다면, 여행자 버전인 오늘은 여행자 살롱은 2022년에 처음 시도한 사업이잖아요. 여행자들이 실제로 참여했나요?

세은　아직 여행자들의 참여 비율은 높지는 않아요. 시범적으로 운영해보기로 한 원데이 프로그램인데, 정기적인 날 진행하는 기존 도시가 살롱 커뮤니티와는 또 다른 성격과 장단점들이 있더라고요. 한번 참여한 분들이 다른 곳에 사는 친구를 데려오기도 하고, 춘천에 살지만 춘천을 잘 모르겠다는 분들이 여행하는 심정으로 참여하기도 해요. 이러한 경험이 축적되면 춘천의 새로운 여행 코스로 자리 잡지 않을까 하는 욕심도 생기고요. 도시가 살롱을 브랜드로 정착시키면서 오늘은 여행자 살롱의 가치도 함께 확장되길 바라죠.

나래　도시가 살롱 사업은 주인장, 참여자 등 사람들의 마음과 관계를 살갑게 살펴야 하는 부분이 많을 것 같아요. 그런 부분 때문에 힘들지는 않나요?

세은　문화도시의 어느 사업이든 사람이 중요한 사업이라 그런 점이 힘들다고 생각한 적은 없었어요. 지금 가만히 생각해 보니 도시가 살롱에 참여하는 주인장들이나 참여자들이 뭔가 결이 비슷하다는 생각이 들어요. 사람들의 마음을 보듬을 줄 아는 은근한 분들이 많죠. 행정적인 부분을 어려워하는 주인장이 있는데, 그런 분들은 차근차근 설명하면 되니까요. 도시가 살롱에 지원했다가 떨어지면 예전에는 섭섭하다고 다시 참여 안 하시는 곳도 있었는데, 요즘은 "나 이번에 떨어져서 너무 속상했다."라고 솔직히 말하는 분들이 많아졌어요. 저도 떨어진 주인장들께 연락해서 위로해드리고요. 사실 지금 힘든 부분이 있다면, 어딜 가나 아는 사람을 만나는 거랍니다.(웃음) 도시가 살롱으로 아는 사람들이 정말 많아졌거든요. 저는 좋은 친구와 이웃이 많아져서 좋아요.

나래 춘천의 가장 큰 장점 같아요. 아는 이웃이 많아질수록 저는 이 도시가 참 안전하다는 생각이 들거든요. 아는 관계와 이웃은 많아졌지만, 반면에 도시가 살롱 숫자는 점점 늘어가잖아요? 담당자가 직접 다 챙겨야 하는 사업이라 어려운 부분도 많을 것 같아요. 혹시 전문 대행사를 쓰면 어떨지 생각해본 적 있나요?

세은 도시가 살롱을 가장 가까이서 보면 정말 감동받을 때가 많아요. 한 사람 한 사람 변화하는 지점이라던가 커뮤니티가 성장하는 이야기들도 많죠. 이런 과정과 가치를 외부에 알리고 싶은데 여력이 없을 때가 많아요. 업무에 매몰될 때는 그런 것마저도 놓칠까 봐 걱정돼요. 그럴 때는 전문가의 도움을 받아보면 좋겠다는 생각을 많이 해요. 만약 그렇게 되더라도 나름의 고민이 생기겠죠?

나래 문화도시는 5년짜리 사업이잖아요. 문화도시 사업 5년 차가 되는 2025년이 되면 도시가 살롱은 어떤 모습일까요? 문화도시 사업이 끝나더라도 도시가 살롱은 이렇게 남았으면 좋겠다는 꿈이 있나요?

세은 커뮤니티가 운영되는 과정에 익숙해져서 주인장들이 자체적으로 해보고 싶은 것들을 운영할 수 있는 환경이 됐으면 좋겠어요. 그게 춘천만의 살롱 문화가 되길 바라죠. 다른 지역에도 문화 살롱의 형태로 운영되는 것이 있지만, 춘천은 춘천만의 색깔이 있거든요. 어떤 참여자는 "대낮에 사모님들이 백화점 문화센터에서 누릴 법한 걸 춘천에서 누리고 있다니 너무 근사하다."라고 말씀하셨대요. 시간이 쌓이면서 이런 것들이 춘천만의 특색을 보여주는 문화가 될 텐데, 재단이 빠지더라도 도시가 살롱만큼은 계속되길 바라죠.

나래 주인장들은 자신의 시간과 공간을 내줘야 하는데, 지원금이 없으면 동력을 잃을 수도 있지 않을까요? 이런 문제는 앞으로 어떻게 풀면 좋을까요?

세은 주인장들이 중심이 되는 협의체가 있다면 지속할 수 있는 기반이 될 것이라는 생각이 들어요. 도시가 살롱 활동 플랫폼에 대한 바람도 있어서 협의체든 플랫폼이든 형태가 먼저 갖춰져야 할 것 같아요.

나래 도시가 살롱 브랜드가 잘 구축되고 내 공간과 사업에 도움이 되는 시스템을 갖춘다면 동력이 되겠네요. 또 여행자 살롱의 콘텐츠가 흥행해서 춘천 사람은 물론 외부의 관광객까지 끌어온다면, 산업적인 접근도 가능하다는 생각이 들어요. 산업적인 접근은 결국엔 지속가능성을 담보하는 일일 텐데 그런 가능성은 열려있나요?

상아 그런 방향을 원하는 주인장들이 있고, 서로 이야기가 통한다면 가능성은 열려있죠. 재단의 역할은 누가 어떤 생각을 하고 있는지, 나와 같은 방향을 바라보는 주인장이 있는지 들어보고 논의할 자리를 만드는 거라고 생각해요. 저는 2025년이 되어도 도시가 살롱이 끝날 거로 생각하지 않지만, 만약 사업이 끝나도 우리의 관계들은 남을 거예요. 도시 안에서 함께 했던 경험이 있으니 뭐든 도전할 힘이 생겼을 거고, 관계도 더욱 단단해지지 않을까요?

나래 마지막 질문이에요. 도시가 살롱 기획 초반에 '커뮤니티란 무엇인가'를 오래 고민했잖아요. 지금은 그 답을 찾았나요? 도시가 살롱에서 말하는 커뮤니티는 무엇인가요?

상아 각자의 이야기를 꺼낼 수 있는 곳이요. 가볍게 만나서 내 이야기를 하고 상대방의 이야기를 듣다 보면, 신뢰와 관계가 쌓이겠죠. 아직도 커뮤니티를 한마디로 정의하기는 어렵지만, 한 가지 분명히 알 수 있는 건 변화를 만들어내기 위해 만나는 커뮤니티뿐 아니라, 조금 더 즐거운 생활을 위해 만나는 커뮤니티도 각자의 일상에 필요하다는 거예요. 즐거운 경험이 쌓이다 보면, 동네에 좀 더 머물고 싶은 마음으로 번질 것 같아요.

도시가 살롱 브랜딩 현판

여행자를 위한 특별한 환대, 오늘은 여행자 살롱

도시가 살롱 참여자들과 나누는 이야기 중에 가장 많이 하는 이야기는 단연 춘천에 관한 것이다. 춘천을 떠났다가 다시 돌아온 이야기, 춘천이 좋은 이유, 연고 없이 온 춘천에서 재미있게 살고 싶어서 참여했다는 사람들. 춘천에 사는 다양한 이야기를 만날 수 있다. 신기한 건 토박이들의 참여가 더 많을 것 같지만, 도시가 살롱은 유독 다른 지역에서 온 사람들의 참여가 높다는 사실이다.

헤아려 보면 강원도 수부 도시라는 명성에 맞게 춘천으로 이주한 공무원과 그들의 가족도 있을 테고, 5곳이나 되는 대학이 있으니 다른 지역에서 온 학생 수도 많을 것이다. 토박이가 아닌 사람들의 참여가 높은 이유를 굳이 찾자면 여러 가지가 있겠지만, 이렇게 이야기하는 이들도 있다.

"춘천 토박이들은 일 끝나면 도시에
같이 술 마시거나 놀아줄 친구들이 있는데, 저는 없어요."

"홍천, 화천 쪽에는 저녁에 갈 곳이 없어요.
그래서 비교적 가까운 춘천으로 왔죠."

도시에는 보는 이의 기준에 따라 '외지인' 또는 '이방인'으로 불리는 사람들이 있다. 도시가 살롱 주인장들은 이들이 느끼는 소외감을 줄여주고 싶다는 마음을 담아 공동프로젝트를 기획했다. 한 기수당 보통 3개월 정도로 진행되는 도시가 살롱은 어쩐지 부담스러울 수 있으니, 낯선 춘천과 친해질 수 있는 '딱 하루'를 선사하기로 한 것이다. 여기에서는 외지인이나 이방인이라는 말 대신에 '여행자'라는 말을 쓰기로 했다. 그렇게 탄생한 프로그램이 춘천을 여행하는 이들을 위한 특별한 커뮤니티 프로그램 '오늘은 여행자 살롱'이다. 이곳에 오는 여행자는 정말로 춘천을 여행하러 온 사람일 수 있고 춘천에서 나고 자랐지만, 늘 떠도는 마음으로 사는 사람일 수도 있다. 여행자 살롱에서는 그 누구도 구분 짓지 않는다. 그저 주인장이 이끄는 데로, 춘천의 매력적인 공간을 탐닉하며 여행지의 낭만과 설렘을 느끼면 되니까.

도시가 살롱의 번외 프로그램인 '오늘은 여행자 살롱'에서는 춘천의 일상에서 만날 수 있는 다채로운 콘텐츠를 하루 동안 살짝 맛볼 수 있다. 2022년 7월과 9월, 두 번에 걸쳐 진행된 오늘은 여행자 살롱은 도시가 살롱의 형태와 기능을 새롭게 확장했던 의미 있는 시간이었다. 아이디어부터 실행까지 발로 뛴 주인장들의 기획력, 색다른 여행 상품으로의 발전 가능성, 춘천 사람들의 다정한 환대 문화까지 다양한 가치를 발견했기 때문이다. 시행착오는 분명 있겠지만, 앞으로도 많은 공간에서 함께 한다면 오늘은 여행자 살롱이 도시의 재미를 책임질 아주 괜찮은 사업으로 자리잡을지 모른다.

7월의 '오늘은 여행자 살롱'

9월의 '오늘은 여행자 살롱'

도시가 살롱 행동 프로젝트
다정한 생존

취향을 중심으로 활동하는 도시가 살롱 커뮤니티에서 삶에 관한 또 다른 이슈들을 꺼내놓기 시작했다. 환경, 젠더, 고독사, 동물권 등 우리가 마주한 갈등을 함께 이야기하고 해결방안을 모색하자는 커뮤니티들이 생겨난 것이다. 나의 즐거운 변화를 넘어 도시의 즐거운 변화를 꿈꾸는 사람들의 소소한 이야기.

주인장들은 참여자들과 마음을 모아 공동체를 만들었다. 그리고 커뮤니티에서 나온 다양한 아이디어를 실천해보는 단계인 '다정한 생존' 프로젝트를 기획했다.

서로에게 곁을 내어주는 다정한 관계를 통해 '더 나은 생존'을 고민하고 행동하는 프로젝트다.

다정한 생존 프로젝트 1

길고양이 배웅길 120
고양이책방파피루스(책방/카페)
공동체

길고양이의 죽음을 함께 애도하는 추모제를 진행합니다.

상세프로그램

1차 추모제	길고양이 레퀴엠 퍼포먼스 진행 -김진묵 음악평론가, 박순의 동화작가
2차 추모제	토크 콘서트 형식의 추모제 진행 -김하연 사진작가
3차 추모제	길고양이가 많이 살고 있는 효자동 일대에서 조용한 추모 퍼포먼스 진행 -안현옥 아티스트
4차 추모행진	길고양이 추모공연, 집사들의 편지읽기 -원세연, 원성연 자매 -김동일 무용가 -한인희 싱어송라이터

전시회	'모두 늘어서 죽었으면 좋겠다' 사진전
	-김하연 사진작가
	  고양이에 대한 연구
	-정보경 작가
	  I'm all right(난 괜찮아) 그림전
	-고소미 작가
	  우리동네 고양이 그림 전시

다정한 생존 프로젝트 2

환경을 시작합니다
길몽(사진관) 공동체

환경, 동물권, 기후 이슈를 공부하고 의견 나누는
일상을 다큐멘터리 영화로 제작하고 상영합니다.

상세프로그램

다큐멘터리 제작	미덕과시 NO, 실천할 수 없는 제안 NO, 누군가에게 단체의 선함을 과시하지 않는 방법으로 추진
말무덤 프로젝트	환경, 동물권, 기후 이슈와 관련된 혐오 표현 온라인상에 묻는 프로젝트 (온라인 사이트 구축)

다정한 생존 프로젝트 3

다정한 정원
녹색시간 공동체

정원과 식물에 대해 이야기 나누고 생각을
공유하는 커뮤니티를 시작으로 빈 화분과, 버려진
공간에, 그리고 전 지구에 초록 생명을 불어넣는
다정한 정원 축제입니다.

상세 프로그램

다정한 식물 상담소	식물에 대한 고민을 나누고 해결하는 식물 상담소
다정한 식물 나눔	가족, 친구 또는 주변의 이웃에게 직접 심은 식물 나누기
다정한 식물 도서관	식물 관련 도서를 읽고 다른 사람들과 이야기를 나눌 수 있는 식물 도서관
다정한 용기	쓰지 않는 화분 또는 플라스틱/종이컵과 같이 재활용이 가능한 용기에 식물 식재
다정한 정원	짜투리 공간을 활용, 이웃을 위한 게릴라 가드닝

다정한 생존이 문화도시를 만드는 방법

글 박효경(사회적협동조합 빠띠 활동가)

아침마다 들르는 빵집에서는 따로 포장해 주지 않는다. 처음에 몇 번 그냥 들고 가겠다는 내 말을 기억해주는 것이다. 자주 가는 과일가게는 장바구니에 담아 갈 때마다 훌륭하다는 칭찬과 함께 과일을 몇 개 더 넣어준다. 칭찬을 바라고 하는 행동은 아니지만 그래도 기분은 좋다. 나에게 이것은 단순히 단골손님에게 하는 서비스가 아니다. 이런 행동과 말은 나를 지지하고 지속하게 한다. 함께 환경운동을 하는 것이다.

'다정한 생존'에 대해 알게 되고 프로젝트 심사를 요청받았을 때 들었던 생각도 비슷했다. '다정한 생존'은 공간을 운영하는 주인장과 구성원들이 커뮤니티 활동을 통해 생존에 관한 문제를 고민하고 행동하는 프로젝트이다. 커뮤니티 활동은 함께하는 사람 간의 지지와 연대가 바탕이 되고 서로의 지속가능성을 돌보는 것이 무엇보다 중요하다는 점에서 '다정한 생존'은 서로를 지지하고 지속하게 하는 힘을 키우는 일이겠구나 싶었다.

우리는 많은 커뮤니티의 경험을 가지고 있지만 커뮤니티는 쉬운 활동이 아니다. 어떤 이해관계나 특정한 목적을 위한 것이 아닌 마을과 지역, 사회문제와 이슈를 기반으로 하는 커뮤니티는 더욱 그렇다. 지역과 마을, 다양한 사회문제에 대해 해결방안을 고민하고 행동하기 위해 어떻게 협력하고 방향을 결정할지 모든 길을 구성원들이 주도적으로 함께 만들어 가야 한다. 잘 모르는 사람들끼리 서로의 다른 생각들에서 합의점을 찾아가는 일은 타자에 대한 상상력을 키운다. 협력이 성공적이든 그렇지 않든 어쩌면 커뮤니티에서 가장 중요한 것은 우리가 지난한 과정을 통해 '타인의 신발을 신어보는' 경험이다. 타인을 이해하고 공감하는 경험은 일상을 사는 평범한 우리를 토론의 장에 모여 앉게 한다. 무기력하고 외면하고 싶은 마음에서 벗어나 우리의 문제를 우리가 대처할 수 있다고 믿음을 갖게 한다. 결과가 좋지 않다 할지라도 우리에게 시도해 볼 권리가 있다는 믿음을 말이다.

'다정한 생존' 프로젝트로 선정된 활동의 결과물은 무수히 작은 성공들로 채워 있을 것이다. 마음이 맞는 구성원들이 모였다는 성공, 함께할 방향을 이야기 나누고 계획서를 작성한 성공, 첫 모임을 안전하고 즐겁게 진행한 성공…. 서툰 걸음을 서로에게 기대어 한 발 한 발 내디디며 만든 결과는 결과 그 이상의 이야기들이 담겨 있을 것이다. 한 가지 당부가 있다면, 작은 성공을 돌탑처럼 쌓아가는 그 과정에 충분히 함께 축하하고 기뻐했으면 좋겠다. 사소한 것이라도 커뮤니티에서 서로를 지지하고 응원하며 서로의 작은 성장과 변화를 얘기하고 알아차려 주면 좋겠다. 결과를 위해 동료를, 과정을 희생시키지 않고 프로젝트의 이름처럼 서로의 다정함을 통해 커뮤니티의 건강성을 잘 돌보기를 바란다. 지역과 마을을 변화시키는 것은 결국 나를 변화시키는 데서부터 시작되고, 커뮤니티에서 서로의 작은 성공을 축하하며 안전하게 이야기 나누고 시도한 경험은 그 변화를 단단하게 하기 때문이다.

작년에 나는 '커뮤니티 실험실'이라는 프로젝트로 시민들과 다양한 이슈로 커뮤니티 활동을 했었는데, 그때 만났던 한 참가자의 말이 떠오른다. "이렇게 우리가 모여 뭔가를 할 수 있다는 것을 한번 경험해보니 이전의 삶과는 달라진 것 같아요."

그렇다. 서로를 지지하며 안전함 속에서 협력한 경험으로 이전과는 다른 삶을 살게 된 사람들은 더 나은 변화를 계속 모색해 갈 것이고, 더 많은 사람에게 이어지고 결국 마을을, 지역을 바꿀 것이다.

거창하고 어려운 문제가 아니어도 된다. 일상에서 유쾌하고 즐겁게 시작하자. 내가 관심 있는, 시도해보고 대안을 찾아보고 싶은, 다양한 문제 혹은 일상의 소소한 주제라도 혼자가 아니라 함께 이야기하자. 아는 사람들, 잘 모르는 사람들, 모여보자. 다양한 사람들의 경험과 생각, 의견을 통해 뭐가 됐든 해결책을 찾아보고 시도해보자. 작은 성공을 쌓아보자. 특별한 누군가가 나서서 해결해 줄 거라고 이런 이야기들을 우리 대화의 주제에서 배제해버린 사이 혐오와 갈등은 점점 우리를 병들게 하고 있으니 말이다.

춘천문화매거진 POT 2022년 가을호에서

도시가 살롱의 미래를 상상하다

"도시가 살롱은 앞으로
어떤 모습이 되면 좋을까요?"

더 많은곳에서
사부작사부작 하면 좋겠다

최성일
러블리숑숑

연결과 환대를 말하는
모습

허세미
만글상

문득 생각날 때마다
미소가 지어지는

이재일
키리엘

춘천 사랑방

이은정, 홍근원
오늘산책

도전하는 사람들의 골목 사랑방,
이웃들과의 소통방,
문화 트렌드를 공유하는 문화살롱

최대식
화양연화커피

차 한잔을 마셔도 책을 읽어도
도시가 살롱에서 문화 열차를
타고 즐겁고 행복하게 달려
가 보자~

오순희
전통민화연구소

편안한 옷차림으로
편한 시간에 편한 사람을
만날 수 있는 나만의 살롱.
마을에 하나쯤
있으면 좋겠어요.

박시온
위드블라썸

보다 많은 분들이 함께 어울릴
수 있도록 다양한 이야기들이
끊임없이 이어지는 프로그램이
되면 좋겠습니다.

김용석
스튜디오츠츠

시민이 함께 참여하는
시간들이 많아져야죠!!!
자꾸 보아야 예쁘고
사랑스럽듯이
프로그램이 길게 가야
도시가 살롱을 보게 되겠지요

김수정
차림쿠킹스튜디오

춘천의 재미있는 문화가
되었으면 좋겠습니다!
춘천에 거주하는 사람들이
살롱투어를 하듯이!!

정하원
풀로

동네사랑방
휴식처
안식처

성금예
꽃마중

도시가 살롱은 '주인장'과 '공간'이 필요합니다. 여기에 '참여자', '구성원'이 함께 해야 비로소 공동체가 완성됩니다. '주인장', '공간', '구성원'이 계속해서 함께 할 수 있도록, 소소하지만 지속적인 활동, 지원이 계속되면 좋겠습니다.

이범준
시골하루

유니크한 개성이 살아 있는 곳, 언제든 참여할 수 있는 열려있는 커뮤니티면 좋겠습니다

어선숙
실레책방

도시가 살롱 그 자체가 도시의 살롱이 되길 원합니다~ 지속적으로요

박미경
갤러리 동무

더 많은 춘천시민들에 사랑과,희망,행복을 나누는 전도자로 자리 매김을 하면 좋겠습니다~*

안서연
블루힐하우스

모르는 사람들이 모여서 '친구'가 되는 곳

김예찬
아가사식당

취향과 삶을 공유하는 공간이었으면 좋겠다

최중선
티하우스 달향

취향이 살아있는 라이프스타일을 많은 시민들이 참여하는 모습

이지원
생사학아카데미

1. 다양한 살롱을 연결하고 확장하는 형태의 버전이
나오면 좋겠습니다.
2. '아웃도어 살롱' 개념으로, 어느 일정기간,
스폿마다 각자의 관심사로 모이는 아웃도어 살롱데이가 있으면
색다를 것 같아요.

임혜순
꾸림

도시가 살롱은 춘천시민이 가장 쉽게
넘을 수 있는 문화재단 지원사업입니다.
보다 많은 춘천시민들이 도시가 살롱에
함께 할 수 있도록 쉽고, 편안한 자리가
되었으면 합니다.

지은희
북카페 살림

모두가 함께 만들어
가고 즐기고 편하게
모일수있는 모임

최예림
음악공방Dacapo

누구나 참여할 수 있는
즐거운 놀이거리로
알려졌으면 좋겠다

허준영
핀든하우스

사랑스런 이웃들의
매력과 멋을 가까이,
자주 만나는 연결고리가
되었으면 좋겠어요!

오은자
있는그대로

도시곳곳에
도시가 살롱 모임이
있었으면 좋겠다.

이경숙
수기샵

다양한 공간, 다양한 사람,
다양한 콘텐츠를 서로 잇고 확장하는
창의적인 콘텐츠를 발굴해가면 좋겠어요.

박미숙
느린시간

한눈에 보는 도시가 살롱
프로그램 포스터

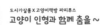

2022 더놀 × 도시가살롱   @신청 및 문의 : DM

⟨도시가 살롱⟩에 함께 한 공간 리스트

2020년도 1기

공간명	공간형태	커뮤니티
교토정원	카페	나는 '올드패션드' 가 좋은데
녹색시간	브런치카페& 복합문화공간	녹색시간 그린커뮤니티
더블린	카페	더불어 함께하는 이웃 거두살롱
로컬여행실험실 재미야	로컬여행실험실	Rethink project@chuncheon
마즐핑거	작업실	나의 춘천을 그리다
무하하우스	교육공간	Growing Your Color
서툰책방	책방&카페	2020 출동! 유튜브 탐험대!
소락재	호스텔	채식하는 춘천
실레책방	서점	실레책방 인생싸롱
오늘산책	카페	마피아의 밤
있는그대로	책방&카페	나무프로젝트 : 나는 무엇을 하고 싶을까
책과인쇄박물관	박물관	self-portrait
책방마실	책방&카페	금요일의 사람들
프리고	갤러리카페	춘천지역놀이 만들기
화양연화커피	카페	팝음악 이야기와 팝송영어 배우기

2020년도 2기

공간명	공간형태	커뮤니티
사이	도자기공방	신사우동 문화생활백서
마음스쿨	문화센터(바우처제공기관)	게임 한 판 어때?
보나커피집	카페	"오늘밤 음감회" 음악에 기대어 보내는 밤
소금북 출판사	출판사 사무실	문화와 예술, 생활로서 시를 소비하고 즐기기
안하무인	무인티룸	조화로운 삶 in 춘천
원테이블 요싸롱	커뮤니티 공간	지역문화 공개방송 '요선 살롱'
위드블라썸	커뮤니티카페	꽃밭에 서면
카페줄루	카페	그림 그리고, 그리고(and) 봄
한올스타일	뷰티샵	아주 가까운 특수분장 체험실
화양연화커피	카페	시 낭송 콘서트 / 시(詩)로 부르는 역사

2021년도 1기

공간명	공간형태	커뮤니티
고양이책방 파피루스	책방&카페	고양이랑 함께 살자옹
더블린	카페	소소한 요즘살롱
보나커피집	카페	나와 지구를 살리는 채식 맛보기
서툰책방	책방&카페	좋아서 쓰는 글씨
소양하다	카페/문학라이브러리	쓸;데 있는 쓸;얘기들
시골하루	농가&농장	시골하루
실레책방	서점	김유정 책읽기 모임
올림짬뽕	식당	면(국시) 대 면(얼굴)-후루룩 먹고 문화를 논하자
원테이블 요싸롱	커뮤니티 공간	아날로그 음악모임 '뮤지끄 살롱'
점말촌	도자기공방	취미가 있소?
책과인쇄박물관	박물관	준비는 내가 할게, 문구덕후는 누가할래
책즐겨찾기	책 대여점	언제나 그 자리에
카페춘심	카페	수상한 단골, 그들이 알고 싶다
클랑포레스트	소리치유문화공간	어른들을 위한 숲 놀이터
키리엘	카페	방구석 커피 트래블
터무니창작소	문화공간	앞마당 캠핑클럽
한올스타일	뷰티샵	낭만 메이커
화양연화커피	카페	나도 DJ-나의 플레이 리스트

2021년도 2기

공간명	공간형태	커뮤니티
갤러리 동무	건강식품 갤러리	내가 나에게 위로하는 시간
교토정원	카페	98hz - 도전! 팟캐스트
길몽	인물 전문 스튜디오	같이 예술
꽃술래	막걸리 펍	우리의 삶에 자연스럽게 스며드는 '전통주'
녹색시간	브런치 카페&복합문화공간	우리는 왜 식물 저승사자가 되어야만 하는가?
더블린	카페	춘천 GANGA
마하산방	다도구 판매점	차 문화 플랫폼 '마하산방'
북카페살림	북카페	젠더 브런치
스포렉스 윌	운동센터	술이 술이 마술에 빠지게 된다
시골하루	농가&농장	시골하루에서 느끼는 하루의 여유 '시골하루'
원테이블 요싸롱	커뮤니티 공간	아날로그 음악모임 '뮤지끄 살롱' 시즌 2
위드블라썸	커뮤니티카페	삼베수세미 뜨개모임
있는그대로	책방&카페	초록 룸메이트
다헌	다도공간	차(茶)의 흥취에 이끌려 마음 쉬어가면 어떨까요?
책즐겨찾기	책 대여점	언제나 그 자리에2

첫서재	공유서재&북카페	토닥투닥 그림책 살롱
카페조운동	카페	다락방에서 '부루마블' 게임 하면서 세상사는 이야기하기
트리메이커	목공방	트리메이커의 기분 Jazzy는 밤
프리고	갤러리카페	봄플프로젝트 시즌2_관객이 예술이야

2021년도 3기

공간명	공간형태	커뮤니티
고양이책방 파피루스	책방&카페	캣 타로 배우기
길몽	인물 전문 스튜디오	생활예술창작모임 '같이예술'
담후	티카페	차멍차멍
러블리슝슝	디저트 카페	디저트 미식회
만글상	글쓰기 생활 작업실	봉의산체육클럽
보나커피집	카페	나와 지구를 살리는 채시 라이프 토크 동물권읽기 & Vegan아티스톡
북카페살림	북카페	자기만의 방
서툰책방	책방&카페	누구나 열 수 있는 글쓰기
소양하다	카페/문학라이브러리	토요일의 시소
실레책방	서점	김유정 자전적 소설 읽기
아가사식당	식당	영화 속 맛있는 음식 여행
아트렁크	작업실/공방	우드스톡(Wood's Talk)
열한시십구분	커피, 칵테일, 초콜릿 작업실	알콜공방
오늘산책	카페	동네언니, 연애살롱
위드블라썸	커뮤니티카페	꽃, 마음, 나를 그리다
있는그대로	책방&카페	죽음과 상실에 관한 대화
책과인쇄박물관	박물관	나는 아날로그 메신저가 되기로 했다
첫서재	공유서재&북카페	가을밤, 퇴근 후 책 한 잔
클랑포레스트	소리치유문화공간	태교 살롱
토우볼링장	볼링장	같이의 가치

2022년도 1기

공간명	공간형태	커뮤니티
고양이책방 파피루스	책방&카페	고양이 인형과 춤을~
공유책방 본책	책 문화공간	술북술북 낭독회
교토정원	카페	잡사운드
꽃다운	공방	요선동에서 만나요
더놀초등방과후	돌봄공간	돌돌(돌봄종사자들을 돌봄)
러블리숑숑	디저트 카페	디저트살롱
로컬여행실험실 재미야	로컬여행실험실	네발로트립@춘천
마음놀이터&맘청	심리상담카페	소유보다, 공유!
미술클래스&타로	미술/타로공간	두근두근 색채살롱
봉의산 가는 길	카페	애도카페_국화꽃 향기
시골하루	농가&농장	시골하루
아랑고고장구	장구학원	소리로 말하다
안현옥 몸맘창작소	복합문화공간	몸놀이맘놀이
어거스트	카페&제로웨이스트공간	은밀한 비밀상담소
열한시십구분	커피, 칵테일, 초콜릿 작업실	알콜공방
음악공방Dacapo	음악학원	마음 알음_나를 "돌"보다 나를 "찾아"보다
일상다반사	카페	어스홀리데이
있는그대로	책방&카페	산책하는 글쓰기
차림쿠킹스튜디오	쿠킹스튜디오	식재료 탐구생활
첫서재	공유서재&북카페	봄편소설
클랑포레스트	소리치유문화공간	모두의 약초
키리엘	카페	오늘 보드게임이 만나자고 한다
토브피아노 작곡스튜디오	작업실	띵동, 음악이 도착했습니다. <수요일의 뮤직레터>
투투	라이브카페	투투 라이브 프로젝트 '아직 늦지 않았어'
티하우스 달향	작업실	다회? 다 해!
한일꽃식물원 (플라워카페)	꽃집&카페	꽃이 스미다
화양연화커피	카페	DJ에게 : 사연담은 음악편지 / 예쁜엽서 전시회

2022년도 2기

공간명	공간형태	커뮤니티
갤러리 동무	건강식품 갤러리	내 안에 꿈틀이는 '끼'를 어찌 하오리까?
그림슈퍼	카페	마음돌봄 미술시간
꽃마중	공방	멋진 하루
느린하루	공방	우리가 사는 세상 이야기
니르바나	빈티지 제품 판매점	맛있게 낡은 것들을 향유하는 기쁨이란
디자인 카페 T25	카페	뮤스토랑
마음놀이터&맘청	심리상담카페	소유 보다 공유!(공유마켓)
보나커피집	카페	지구 해방클럽
블래터	티카페	마인드풀 워킹 클럽(현재에 집중하는 산책가)
블루힐하우스	브런치카페	시니어를 위한 추억 창작공간
세라원스튜디오	도자기공방	아트 포터리-나에게 주는 선물
수기샵	피부관리샵	빨간머리 앤과 소담소담 이야기
스튜디오 츠츠	프로필전문 사진관	악기와 나
시골하루	농가&농장	시골하루
아보카도	퓨전요리전문점	세계 대표 요리 직접 만들어보는 퓨전요리 이야기
아직숨은헌책방	헌책방	웬수같은 아들과 잘 지내보기
안현옥 몸맘창작소	복합문화공간	초가을밤 우리들의 감성은 깊어가고
오늘산책	카페	나의 밤샘 일지
있는그대로	책방&카페	나무에 그리는 쉼표, 우드버닝
전통민화연구소	작업실	느리고 자유롭게 멍 때리며 살기
책즐겨찾기	책 대여점	판타스틱 나의 인생(자서전 만드는 책방)
풀로	가드닝샵	식물의 맛
플라베	베이커리카페	Earlybird Breakfast Club (E.B.C)
핀든하우스	카페&작업실	여행은 늘 옳다

2022년도 3기

공간명	공간형태	커뮤니티
꽃마중	공방	인생2막, 리턴즈 청춘
꾸림	연구소	Play about 春川
느린시간	카페	삶을 담은 꾸러미
더놀초등방과후	돌봄공간	휘겔리 모먼트 (Hyggely moment)
두그루카페	카페	수 놓는 삶(프랑스 자수 모임)
멕시카나 후평점	치킨집	소·톡(소소한 토크) - 장애를 가진 가족이 있는 어머니들의 수다 -
모두의 음악공간 하이하바	음악교습소&음악공간	봄날의 풋살 (호호호 FC)
바디블룸	스포츠센터	Elements(춘천 힙합 문화 동아리)
블랑오베이커리	베이커리카페	나의 식탁
블래터	티카페	마인드풀 워킹 클럽, 가을 걷기
산들산들	임산물 재배농장	판판한 모두의 숲
생사학아카데미	커뮤니티 공간	철중아! 속풀이 하자!(철없는 중년 아저씨)
시루에농원	퍼머컬처 농업방식을 실천하는 공간	지구농부
아보카도	퓨전요리전문점	건강음료로 몸과 마음을 치유하는 프로젝트
아직숨은헌책방	헌책방	웬수같은 아들과 스토리텔링
어거스트	카페&제로웨이스트공간	예쁜 하루
열한시십구분	커피, 칵테일, 초콜릿 작업실	오늘의 와인
음악공방Dacapo	음악학원	마음알음 : 나를 위한 노래
전통민화연구소	작업실	느리고 자유롭게 낭만 맛보기
첫서재	공유서재&북카페	가을밤이 씀
초코칩클래스	반려동물 커뮤니티 공간	견생투개더 (반려견과 함께하는 초보견주 스쿨)
키리엘	카페	천하제일 티츄대회
토브피아노 작곡스튜디오	작업실	토요일의 뮤직레터 (가요음감회)
티하우스 달향	작업실	여덟 번의 즐거운 Tea Party
풀로	가드닝샵	식물의 맛
핀든하우스	카페&작업실	여행은 늘 옳다 - 2기

※**94**개 공간, **159**개 커뮤니티가 함께 했습니다.
현재는 사라진 공간도 있습니다.

도시가 살롱
'비빌리힐스'가 되다

고영직 | 문학평론가

춘천은 도시 전체가 살롱 같다. 원래 살롱(Salon)이라는 말은 객실이나 응접실을 의미하지만, 이 말이 오늘날처럼 공적 영역(Public Sphere) 혹은 공론장이라는 말로 통용되기 시작한 것은 17세기 초 프랑스에서부터였다. 역사가들은 16세기 말~17세기 초 프랑스에서 개인의 사적인 공간이었던 응접실이 다른 사람들과 커피를 같이 마시며 공적 논쟁과 토의의 장(場, field)으로 활용되면서부터 근대적 의미의 공적 영역이 발생했다고 풀이한다. 의사소통이론으로 유명한 독일 하버마스 같은 학자는 근대 초기 살롱에서 이루어진 다양한 공론장이야말로 근대사회의 출발이었다고까지 말한다.

'춘천은 도시 전체가 살롱 같다'는 말은 춘천이라는 도시에는 나의 취미와 취향을 공유할 수 있는 시민들이 있고, 또 그런 시민들이 모일 수 있는 다양한 작은 공론장들이 있다는 말과도 같다. 2020년부터 시작되어 3년째를 맞은 <도시가 살롱> 프로젝트는 개인의 사적이고 상업적인 공간에서 개인의 취향과 욕망을 바탕으로 시민들과 더불어 다양한 문화적 활동을 하면서 '문화적 공유지'를 만드는 활동이었다고 할 수 있다. 한마디로 말해 카페, 작은 서점, 갤러리, 목공방, 다도 공간 등 도시 곳곳에 있는 공간이 일종의 저 갯벌의 숨구멍 같은 공간이 되었다고 말할 수 있으리라. 서로가 서로에게 비빌 수 있는 비빌 언덕이 된 셈이랄까. <도시가 살롱>이 비교적 짧은 시간 안에 춘천을 대표하는 시그니처 프로그램이 된 데에는 다른 사람들과의 연결을 바라는 시민들이 많다는 점을 반증한다. 그런 점에서 '공간이 없으면 영혼이 잘 담기지 않는다'는 점을 우리는 직시하고, 도시의 오아시스 같은 공유공간을 마련해야 마땅하다.

우리는 각자 다르다. 하지만 저마다 각자 다른 '나-들'이 모여 관계를 맺고 공통의 경험을 쌓아가며 우리가 된다. 1인이 강조되는 개인의 시대라고 해서 크게 달라지지 않았다. 최근 코로나19를 거치며 혐오와 증오 감정이 비등해지는 것은 1인 다양성의 가치를 존중하지 못한 결과라고 보아도 좋다. 문제는 또 있다. '그들만의 커뮤니티'를 의미하는 게이티드 커뮤니티(gated community)가 더욱 강화되며 새로운 인클로저(enclosure, 폐쇄)가 확산되고 있다는 점이다. '아무도 남을 돌보지 마라'라는 식의 신자유주의의 정언명령이 내면화되고, 각자도생이 권장되는 사회는 좋은 도시가 아니다. 각자도생이 권장되는 사회에서 우리는 어쩌면 '각자고생'하는 것은 아닌가 돌아볼 일이다.

<도시가 살롱> 프로젝트는 타인을 경계하라는 경고음과 함께 소리 없는 외로움이 확산되는 시대, 나와 우리가 사는 도시가 살고 싶은 좋은 도시가 되려면 낯선 사람에 대한 공포가 아니라 낯선 사람과 연결되고자 하는 욕망을 잘 엮는 것이야말로 기쁨이고 희망일 수 있다는 점을 상기시킨다. 안전(安全)한 공간에서 안심(安心)하며 서로의 안녕(安寧)을 물을 수 있는 관계가 살아 있는 도시야말로 좋은 커뮤니티가 아닐까 한다. 환대의 인문학자로 불리는 미국 작가 윌버킹엄은 낯선 사람과 연결되고자 하는 인간의 욕망을 필로제니아(philoxenia)라고 부른다.

나는 이러한 필로제니아의 모습을 2021년 <'도시가 살롱' 여름밤 포럼: 오래 만나기 위한 이야기>에 참여한 5명의 주인장들의 '간증'에서 생생하게 확인했다. 특히 '화영연화커피'를 운영하는 최대식 주인장과 '시골하루'를 운영하는 이범준 주인장의 발언은 퍽 감동적이었다. "농촌에 필요한 것은 큰 금액을 들여 짓는 도농교류센터가 아니라, 농촌의 삶을 느낄 수 있고, 사람과 교감하며 관계를 맺을 수 있는 자유로운 공간이 필요하다"라는 이범준 주인장의 발언은 서로가 서로에게 조금씩 '민폐'를 끼치며 살아가는 존재인 우리 모두에게 무엇이 비빌 언덕인지를 강력히 환기하는 발언이었다. 나는 이처럼 비빌 언덕으로서의 공유지를 '비빌리힐스'(비빌里Hills)라고 명명한 바 있다.

하지만 세상에 영원한 지원사업은 없다. 2021년 여름밤 포럼에서 공간 주인장들이 '사라지는 매개자'로서의 역할을 기꺼이 수락하며, 즐겁고 재미있는 활동을 할 필요가 있다고 강조한 것 또한 그런 의미에서였다. 지원사업에 참여했다는 이유로 시와 재단에 압력을 가하는 방식의 네트워크는 자칫하면 사익(私益) 추구의 네트워크가 될 수 있다. 앞으로도 꾸준히 <도시가 살롱> 프로젝트가 춘천이라는 도시에서 열린 공유지로서 도시의 숨구멍 같은 역할을 오래 했으면 한다. 그리고 나는 그런 공간들이 제대로 잘하는지 지켜보는 '공평한 구경꾼'(애덤 스미스)임을 자처한다.

춘천이라는 도시를 사랑하는 방외자(方外者)로서 한마디만 더 할까한다. 정책사업은 해를 거듭할수록 조금씩 변한다. 그것은 너무나 당연하다. <도시가 살롱>이 <다정한 생존>이라는 이름으로 시즌2를 추진하는 것 또한 그래서 충분히 이해된다. <도시가 살롱>의 심화 프로그램으로 구상된 <다정한 생존> 프로젝트가 항상 재미와 유희 정신을 잊지 않기를 바란다. 지난해 포럼에서 "<도시가 살롱>이 '위하여' 추진하는 대신에, '의하여' 추구할 수 있는 감정구조를 마련했으면 한다"라고 발언한 것도 그런 맥락에서였다. 누군가를 '위하여' 추진하는 프로젝트는 아무리 선의에서 출발했다고 하더라도 위선적인 것으로 흐를 수 있다. 주인장들이 스스로 '의하여' 추진하겠다는 마음과 감정을 잘 살피고 헤아려야 한다. 1인칭의 마음을 잘 헤아리고 살필 수 있는 섬세한 행정이 요청된다. 그래야 오래갈 수 있다.

누군가가 "점이 되는 사람이 모여 선을 만들어 관계를 맺고, 이 선이 모여 면이 만들어지면 네트워킹이 된다"(임완수)라고 했다. <도시가 살롱>에 참여하는 주인장들은 춘천이라는 도시에서 점(點, dot)이 되는 사람들이다. 나는 좀 저렴한 표현을 용서한다면 그런 사람들을 '문화삐끼'라고 부르고 싶다. 춘천이라는 도시가 뿜어내는 다양한 매력은 문화삐끼 같은 주인장들과 그 공간을 아끼고 지지하는 시민들이 함께 만들어내는 것이라고 생각한다. 도시 전체가 살롱이 되는 춘천, 어쩌면 새로운 문화 공론장의 탄생을 예감해도 좋으리라.

도시가 살롱

내 취향의 이웃을 만나는
작은 공간

1판 1쇄 발행 2023년 1월 6일

지은이   도시가 살롱
발행인   윤미소
발행처   (주)달아실출판사

사업기관   (재)춘천문화재단
사업총괄   강승진
사업담당   권현아, 김상아, 남세은
출판기획   이나래
아카이브 연구 김희연(팅), 박제현, 유은정, 최대식
취재 및 원고 작가집단 글봄
            (김효화, 김선순, 김연주, 이나래)
디자인   paika
사진   이원일

책임편집   박제영
법률자문   김용진

주소   강원도 춘천시 춘천로257, 2층
전화   033—241—7661
팩스   033—241—7662
이메일   dalasilmoongo@naver.com
출판등록   2016년 12월 30일 제494호